安倍長期政権劣化の構造

編著者——木下真志
著者——岡田一郎・栗原茂幸・堀内健司・松岡信之

旬報社

はじめに

本書は、安倍晋三長期政権に潜む問題点をえぐり出すことを目的とするものである。とりわけ、小泉純一郎政権、安倍政権という二つの内閣を中心に、長期政権に潜むさまざまなほころびに関し、批判的に論じた論文によって構成されている。

安倍政権は、内閣制度発足以来、日本の歴史上、最長の政権となった。しかしながら、問題点は数多い。まず、自らに対し、批判的な言動をする者には態度を硬化させ、さまざまに「権力」を発動する。それが組閣における人選、マスコミへの圧力、憲法無視、学問の知見軽視、公私混同となって言動にあらわれ、さらなる批判を浴びる。するとさらにキレる。つまり、首相としての資質や統治能力（ガバナビリティー）に問題があるのである。

集団的自衛権の行使容認が絡んだ安保法案をめぐる国会審議における、次のような発言は、見識のなさの最たるものであろう。「……法制局長官の答弁を求めていますが、最高の責任者は私です。私が責任者であって、政府の答弁に対しても私が責任をもって、その上において、私たちは選挙で国民から審判を受けるんですよ。審判を受けるのは、法制局長官ではないんです。私なんですよ」（二〇一四年二月一二日、衆議院予算委員会）。憲法の解釈は内閣法制局や従来の政府解釈に拘束はされないものであり、首相が責任をとれば自由に変えられる、との認識なのだろうか（中野晃一編・二〇一六『徹底検証 安倍政治』岩波書店を参照）。

別の一例として、彼の国会における答弁をみてみよう。活字化されたものを読んでみると明確であるが、安倍総理の口癖は、「〜において」「まさに……」「わけであり（ございい）まして」「その上において」「しっかりと」「なんだろう」であり、日々多用されている。これらの言い回しだけで、答弁が完成する。「……議員のご指摘は、……というわけであります。これは……なのだろうということになるわけでありまして、……まさに……であり、その上において、……しっかりと……していくことが大切なんだろうと、こう思うわけでありますす」。多弁の割には、ほとんど内容のない、のらりくらりとした答弁に時間が費やされているのが実情である。はなから議論しようという意志がないからであり、アドバイスを受け入れるのは意のままに動く側近のものだけ、ということになる。どこかの童話で読んだような存在である。このような首相に対し、政治学でどのように対抗が可能か。

このように問題の多い安倍政権に対しては批判的な分析が必要ではないだろ

うか、との思いから、本書は企画された。

執筆いただいたのは次の四名であり、分担は以下の通りである（著者略歴は巻末に表記、Pは「please have a brake」を表す）。栗原茂幸（第五、七、一〇章）、岡田一郎（第一、二、九章、P1）、堀内健司（第八章、P3）、松岡信之（第三、四、六章）。木下の担当は、はじめに、各部扉リード、あとがき、終章、P2である。

本書の第一章〜第一〇章で指摘されているように安倍政権の問題点は多々あるが、言及できなかった点もある。安倍首相の議論軽視と学問軽視の姿勢がそれである（終章を参照）。異なる考えがぶつかり合う中から、少しでもよい政策を練り上げていこうという発想が、彼には欠如しているのである。「熟議」「討議」といった民主主義の基盤をなす過程がないがしろにされ、政策を決定する際に最初から結論があるような印象を与えるのである。これが繰り返されるために、国民の間に「支配されてる感」が強化されつつあるように感じる。それは、民主化の程度が低下するということにもつながりかねない。

本書では、沖縄における在日米軍問題や対米外交に関しては、扱っていないが、主要国との安倍外交についても、批判的分析が必要であることはいうまでもない。

本書が現在の日本政治を理解し、よりよいものに変えていくために、政治を批判的に分析する眼を養うことに少しでも貢献できれば、これに勝る喜びはない。

編　者

［目次］

第Ⅰ部 長期政権の分析

第Ⅰ部では、二〇一二年に自民党が政権復帰して以降について分析を試みる。公明党との連立とはいえ、すでに七年を越え、長期政権となっている。一九九〇年代後半以降の行政改革の一環としてなされた官邸機能の拡大がどのような影響を及ぼしているかについてみていく。機能の拡大は権力の拡大と連動していたのか。

次に、なかなかひとつにまとまることができない野党について、労働界の動きと絡めて、この間の動向を分析する。そして、安倍政権の支持率、政策の右傾化にも焦点を当て、長期政権の実像に迫る。とりわけ、靖国問題や憲法改正について考えた。

第一章　官邸権力の強大化

五五年体制における首相権限

安倍晋三内閣は第一次内閣の時期も含めれば、憲政史上最長の政権となっている。この安倍内閣の特徴の一つが、官邸権力がこれまでの政権と比べて、非常に強大であるということである。これは安倍首相によって成し遂げられたものではなく、一九九四年の中選挙区制から小選挙区比例代表並立制への衆議院の選挙制度改革と、九六年に発足した橋本龍太郎内閣以降続けられた、後述するような行政改革のたまものである。

衆議院の選挙制度が中選挙区制だった時代には、首相の専権事項とされた、閣僚の任命や衆議院の解散も派閥に制約され、首相の思うようにおこなうことができなかった。首相の権限は現在と比較して弱かったといえる。

衆議院の選挙制度が中選挙区制であることが、なぜ、首相の権限を制約したのであろうか。

一選挙区から原則三〜五人の議員が選ばれる中選挙区制において、自由民主党（自民党）は、衆議院において過半数を確保するために一選挙区に複数の候補を擁立するのが一般的であった。そのため、一つの選挙区で同じ自民党の候補者が同士討ちを繰り広げることとなる。そこで、候補者が頼ったのが派閥であった。派閥は首相の座を狙う有力議員を中心とするグループであり、豊富な政治資金を蓄え、小さな政党に匹敵するほどの力を持っていた。同じ選挙区に立候補する自民党の候補者はそれぞれ別の派閥に属し、派閥の支援を受けて選挙戦を戦った。そのため、自民党の議員たちは党よりも派閥に忠誠を誓い、党の決定より派閥の決定を重んじていた。

一九八〇年代、自民党内の派閥がこぞって首相を支持し、その代わり、閣僚や党三役などのポストを分け合う挙党一致体制が成立すると、閣僚ポストは派閥の規模に応じて分配されるようになり、閣僚の顔ぶれも派閥が提出する推薦リストから選ばれるようになった。また、党三役ポストは首相の出身派閥以外の有力派閥に均等に配分された。そのため、首相が自分の気に入った人物を閣僚や党三役に任命する余地は少なかった。衆議院の解散は、閣議において全会一致で決定する必要があったので、各派閥の了解を得なければ、閣僚が解散に同意せず、解散は不可能であった。理論的には解散に反対する閣僚を首相が罷免して、解散に賛成する閣僚だけで解散を決定することが可能であった。しかし、閣僚罷免にもとづく解散では、自民党が分裂する恐れがあり、リスクの高さから首相はなかなか踏み切ることはできなかった。

選挙制度改革がもたらした影響

一九九四年の小選挙区比例代表並立制の導入は、こうした首相を取り巻く状況を一変させた。小選挙区制では、一選挙区から各党一人しか立候補できないため、派閥の支援より党の公認を得られるかどうかが重要になった。そのため、公認権を有する党の執行部の権力が強まった。また、選挙制度の変更と同時に実施された政治資金の規制強化によって派閥の資金集めが困難になった。政党およびその政治資金団体以外への企業・団体献金が禁止されたため、派閥の政治資金団体には、企業・団体献金が入らなくなったからである。一九八〇年代後半には年間二〇億円を超えることもあった派閥の収入総額は、現在では五億円を超えることがなくなった(1)。

一方、一九九四年に成立した政党助成法により、政党には政党助成金が入ることとなったので、派閥が衰退する一方で、政党助成金を自由に使える党の執行部の権力が強化された。こうして、自民党総裁を兼ねる首相が派閥を超えるほどの権力を握るに至ったのである。

このことが明瞭に国民の目に映ったのが二〇〇一年に発足した、小泉純一郎内閣である。小泉首相は自民党総裁選に派閥の力ではなく、世論の後押しで勝利した。すなわち、先に開票された地方票(各都道府県連が持つ三票)で圧勝し、それを見た国会議員が勝ち馬に乗るべく、こぞって小泉に投票したため、当選を果たしたのである。そのため、小泉首相は派閥を無視した人事を断行した。総裁を補佐する幹事長には、小派閥の領袖で盟友の山崎拓を据え、閣僚人事では女性五人、民間人三人を任命するという、これまでにない人事をおこなったのである。なお、一九九九年に制定された、国会審議活性化法も首相の人事権を強化した。この法律によって国会で官僚が大臣の代わりに答弁する政府委員制度が廃止されたため、失言や不祥事を防止するために、当選回数よりも個々の政治家の能力が重要視されるようになった。そのため、それまでの当選回数に応じて派閥の推薦を受けて大臣に就任するという慣行が廃れ、首相が能力に応じて当選回数の少ない政治家を抜擢することが多くなったのである。

二〇〇五年総選挙

小泉首相は衆議院の解散においても自分の意思を貫くことに成功した。二〇〇五年、小泉首相が悲願とする郵政民営化法案が参議院で否決されると、小泉首相は民意を問うとして、衆議院を解散した。閣僚の一人は解散に最後まで反対したが、小泉首相はその閣僚を罷免して、解散を断行した。さらに、衆議院の採決の際に、郵政民営化法案に反対票を投じた議員に党の公認を与えず、環境相の小池百合子（後の東京都知事）を兵庫六区から東京一〇区に国替えさせ、小林興起への刺客としたのを手始めに、財務官僚の片山さつき（後の女性活躍担当相）を城内実（静岡七区）への、エコノミストの佐藤ゆかりを野田聖子元郵政相（岐阜一区）への刺客候補として送り込んだ。

複数の候補者が当選する中選挙区制では、仮に党の公認を得られなくても無所属の候補として立候補し、党が刺客候補を送り込んでも、公認を外された候補と刺客候補の双方が当選するということもあり得る。しかし、小選挙区比例代表並立制では、刺客候補は比例代表区にも立候補して選挙区で落選しても比例代表区で当選するという保険をかけることができるのに対して、無所属候補は選挙区で当選しないかぎり生き残ることができないという不利な状況に追い込まれる。このような小泉の手法は、公認権を握る党執行部の権限の強大さを見せつけることとなった。

小選挙区制では、党首のイメージで選挙戦の帰趨が決定されやすい。そのため、世論調査で高い支持を得る党首や選挙に強い党首の権力は強まる。逆に選挙に弱いと見なされれば、党首の求心力は低下する。第一次安倍内閣がわずか一年で潰えたのは、首相本人の持病が原因とされているが、二〇〇七年の参院選で大敗を喫したのが原因である。その後の福田康夫・麻生太郎両首相も世論調査で支持が低迷すると、党内で福田おろし、麻生おろしの動きが起こった。

二〇一二年の総選挙で政権を奪還した安倍首相は、その後の国政選挙で勝利を重ねており、このことも首相の権限が強化した原因として挙げられるだろう。安倍首相を看板として掲げているかぎり、選挙で勝てるならば、あえてこれをおろそうという動きは党内で広がらないからである。

行政改革がもたらした影響

選挙制度改革と並んで、首相の権限を強めたのが、行政改革である。一九九六年に首相に就任した橋本龍太郎は、同年九月一一日、日本記者クラブで「私は来年度の予算編成に当たって、経済構造改革の推進については、内閣の内政審議室におきまして、各省庁の施策の重複を排除すると同時に、個別に出てきております各省の施策を連携づけする。そして、優先づけを行う。最終的に私の判断で大蔵大臣に指示を行うという新しい道を切り拓きました。しかし、これをもう一歩更に進めることは出来ないか。その予算編成、人事、あるいは行政管理の機能を官邸の下に置けないものだろうか」(2)

と演説し、官邸機能の強化に意欲を示した。

橋本内閣の行政改革では、まず内閣法の改正がおこなわれた。首相が「内閣の重要政策に関する基本的な方針その他の案件」を閣議に「発議できる」と条文で明記し、首相が内閣を主導する立場であることを明確にした。また、内閣官房に重要政策を「企画立案」する能力を与えた。企画立案とは、法案を作成できることを意味する。

また、内閣官房を補佐する機関として、内閣府を各省より一段上の形で新設し、ここに経済財政諮問会議、総合科学技術会議、男女共同参画会議、中央防災会議の四つの首相直轄の重要政策会議を置いた。こうして、首相は重要政策会議の調査審議をもとに、内閣官房に法案を作成させ、それを閣議で自ら発議することが可能となった。そして、小泉首相は経済財政諮問会議を大いに活用した。

一九五五年の自民党の結党以来、内閣が国会に提出する法案や予算案などを閣議決定する前に、自民党の審査を経て了解を得るのが慣行になっていた。しかし、小泉首相は経済財政諮問会議に次々と政策を立案させ、その後、内閣の方針として与党の事前審査を強行突破させて、反小泉派をゆさぶり、事前審査制の廃止さえ検討した。こうして、政策立案の主導権を自民党から内閣に移動させることに成功したのである。日本経済新聞編集委員の清水真人は「派閥・与党主導から首相主導への『小泉革命』は一九九〇年代からの政治改革や橋本行革などの統治構造改革が整備したハードウェアなくして展開しえなかった」(3)と評している。

第二次安倍内閣以降における官邸権力の強大さはこうした遺産の上に成り立っているといってよい

〔第一次内閣では総裁選での論功行賞や森〈喜朗〉派の圧力のために、閣僚・党三役人事がままならず、複数の「お友達」を首相補佐官に採用し、閣僚と補佐官の対立を招いて、政権の体力を消耗させた〕。第二次以降の安倍内閣は、派閥の領袖や幹部を閣僚や党三役に任命し取り込んでいるが、派閥均衡人事はとられていない。勢力が衰えた派閥は分け前を与えられているだけで満足し、安倍首相を支持する構図となっている。また、安倍首相は幹事長には自分のライバルになりそうな人物を据えているが、一方で幹事長の権限を削減することも忘れない。たとえば、第二次政権が発足すると、幹事長の下にあった選挙対策局長を選対委員長に格上げして党四役の一つとし、幹事長の権限を削減した。

安倍首相は閣僚や党役員だけでなく、長く内閣の憲法解釈を担ってきた内閣法制局長官の人事にも手を付けた。これまで内閣法制局長官は内閣法制次長がそのまま昇格するのが慣例とされており、歴代の内閣もその人事に介入するようなことはなかった。しかし、安倍首相は二〇一三年、退任した内閣法制局長官の後任に内閣法制次長ではなく、駐仏大使の小松一郎を任命した。これは、集団的自衛権は従来の憲法解釈では許されないとする、内閣法制局の見解を変更させるため、集団的自衛権の容認に積極的な人物を起用したと言われているが、極めて異例な人事であった。

小泉首相は内閣府の経済財政諮問会議を改革の司令塔と位置づけ、竹中平蔵経済財政大臣がその統括にあたったが、安倍首相は政策会議を乱立させ、それらを官邸が統括する形をとり、官邸主導が強まっている。また、官邸や内閣府に政策会議が設置されるような政策に関しては、二〇〇五年の郵政民営化法案のときのように、自民党の事前審査を強行突破するようなことはせず、自民党内に総裁直属機関を設けて、政府の重点政策の下請け機関とし、そこから自民党の事前審査にまわすようにしている。そのため、「官邸主導で作成された政策案がスケジュールつきで投入され、修正の余地が乏しくなるなど、審議の形骸化が進んでいる」(4)という。かつては小泉内閣に激しく抵抗したこともある自民党の事前審査は、安倍内閣の下では官邸主導の補完的な役割を果たす存在となっている。

内閣人事局の設置

小泉内閣以降、強化された官邸の機能として、内閣人事局の設置がある。これは、二〇〇八年に成立した国家公務員制度改革基本法にもとづいて、二〇一四年に設置されたものである。政府案では内閣人事庁を設置し、幹部人事は首相が承認することになっていたが、民主党は各大臣に人事権を残すことを要求し、「各大臣が人事を行うに当たって、任免は首相及び官房長官と協議した上で行う」と定められた。また、民主党は官邸から離れた役所を作ったところで機能しないとして、内閣官房に内閣人事局を置く修正を要求した。二〇〇七年の参院選で民主党が大勝し、参議院では民主党が第一党となるねじれ国会となっていたため、民主党の修正を受け入れる形で法案が成立したのである(なお、内閣人事局が設置されるまでは、中央省庁の人事は各省内で幹部が決定していた)。

内閣人事局が対象とするのは、中央省庁の部長級以上およびその候補者六八〇人である。各省庁で幹部が作成し、所管大臣が承認した人事原案を内閣人事局に提出する。次に官房長官が人事原案に対して、適格性審査と幹部候補者名簿の作成をおこなう。そして、任用候補者の選抜と任免協議の段階にはいる。任免協議には先述のように、首相と官房長官、各省庁の大臣しか参加は許されない。もしも、任免協議で人事原案に問題があると判断されたときは、人事原案は拒否されたり、差し戻されたりする。これによって、官邸は官僚の人事に介入することが可能となったのである。また、内閣人事局長には、内閣官房副長官を充てることになっているが、安倍首相は二代にわたって、側近議員を任命し、二〇一七年にようやく官僚OBが任命されている。

人事権を握られた官僚たちは官邸に睨まれて自身の昇進が妨げられないように、官邸の意向を「忖度」するようになる。この「忖度」という言葉が広く人口に膾炙するきっかけとなったのが、二〇一七年に発覚した森友学園問題である。

忖度する官僚たち

大阪府で幼稚園を経営する森友学園は小学校建設のために国有地を購入したが、その際、地下に大量のごみが埋まっているとして、国有地を所管する財務省は売却価格の大幅な値下げをおこなった。その後、森友学園の理事長夫妻と安倍昭恵首相夫人が親交を深め、建設予定の小学校の名誉校長に就いていたことが判明し、さらに財務省が安倍に対して「忖度」をして、土地の値引きをおこなったのではないかという疑惑が浮上した。財務省の佐川宣寿理財局長は「交渉記録はない。速やかに廃棄していることだと思うので、記録は残っていない」「価格については、こちらから提示したこともないし、先方から幾らで買いたいといった希望があったこともない」と答弁したが、この答弁に合わせるように、財務省が森友学園との国有地取引の際に作成した決裁文書を三〇〇か所改ざんして、国会議員に開示していたことが後に判明した。そのうえ、この改ざんの主犯格である佐川理財局長は国税庁長官に昇進しており、「政権を守り抜いた論功行賞では」と噂された。後に佐川は、批判に耐えかねて国税庁長官を辞任したが、退職金の一部を返上しただけで、ほぼ満額を手にした。大阪地検は、森友学園理事長夫妻を詐欺罪で起訴しただけで、文書改ざんにかかわった財務省関係者ら三八人全員を不起訴とした。

一方で、首相や官房長官に目をかけられて、その側近となり、官邸の威を借りて、己の政策を実現しようとする「官邸官僚」と呼ばれる存在も指摘されている。たとえば、経産官僚出身の今井尚哉政務秘書官は、安倍首相の信頼が厚く、アベノミクスから戦後七〇年の首相談話に至るまで首相の重要な政策のほとんどにかかわっており、最近は外交にも介入していると言われている。

しかし、官邸官僚への過度な依存は時には裏目に出ることもある。二〇二〇年四月、安倍首相は官邸官僚の進言に従って、新型コロナウイルス対策として、全世帯に布マスク二枚を配布する方針を発表した。しかし、かかる費用の割に効果が望めないことなどから、国民の評判は悪く、「アベノマスク」などと揶揄されることとなった。それ以外にも、安倍首相の新型コロナウイルス対策は常に後手後手にまわり、『朝日新聞』の世論調査では、五七％が「首相は指導力を発揮していない」と答えるに至った(5)。

放送への介入

なお、「忖度」は官僚だけではなく、マスコミにも及んでいると言われている。

二〇一三年、安倍内閣はNHK経営委員に、小説家の百田尚樹、日本たばこ産業顧問の本田勝彦、埼玉大学名誉教授の長谷川三千子、海陽学園海陽中等教育学校長の中島尚正を指名し、国会の同意を得た。この四人は安倍首相とは親しい間柄であり、この四人をNHK経営委員に送り込むことによって、安倍内閣はNHK会長選出のキャスティングヴォートを握ることとなった。というのも、放送法ではNHK会長の選出にあたっては一二人の経営委員のうち、「九人以上の多数による議決によらなければならない」と定めているからである。そのためか、再任が有力視されていた、松本正之会長は退任を発表し、代わって、籾井勝人日本ユニシス特別顧問が新たな会長に選出された。籾井新会長は、就任会見で、尖閣諸島・竹島などの領土問題について「政府が『右』というものを『左』というわけにはいかない」、特定秘密保護法については、「国会を通っちゃったんで言ってもしょうがない」などときわめて政府寄りの発言をおこない、物議を醸した。籾井は国会で「放送に反映させることはない」と発言を釈明した。しかし、NHKのOBを中心とする「放送を語る会」の調査によれば、安保関連法案に関する報道で、NHKの「ニュース7」「ニュースウォッチ9」が政権にとってマイナスになる出来事を他の民放のニュース番組が報じているにもかかわらず、放送しない傾向が存在した。

二〇一四年一一月二一日、安倍首相は「消費税引き上げ先送りについて、国民の信を問うため」という理由で衆議院を解散した。その前日、自民党はNHKと在京テレビ五社の記者クラブのキャップを党本部に呼びつけ、筆頭副幹事長と報道局長の名で「選挙時期における報道の公平中立ならびに公正の確保についてのお願い」を示した。そのなかで、安倍首相がTBS系「NEWS23」に出演した際、アベノミクスに批判的な街頭インタビューが多数流されたことに不満を表明したことを踏まえ、出演者の発言回数や時間、ゲスト出演者の選定、街頭インタビューや資料映像などで公平・中立を徹底するよう要請する内容であった。その結果、報道現場が委縮したのか、キー局全体では二〇一四年総選挙の報道は二〇一二年総選挙に比べ、半分以下に激減した。

官邸権力の強化は、これまでの弱すぎる首相の指導力（たとえば、一九九五年の阪神・淡路大震災の際には首相官邸に情報が集まらず、当時の村山富市首相は指導力を思うように発揮できずに批判された）を強化するという時代の要請に応じておこなわれた側面があり、それ自体が批判されることではないと思われる。一方で、強大化した官邸の権力を前にして、官僚やマスコミが必要以上に委縮し、問題となっているのもまた事実である。「官邸の独裁」と言われないよう、自制しながらいかに強化された官邸の権力を行使していくか、官邸の試行錯誤は今後も続くであろう。

1 中北浩爾・二〇一七『自民党――「一強」の実像』中公新書、三三頁。
2 warp.ndl.go.jp/info:ndljp/pid/11236451/www.kantei.go.jp/jp/hasimotosouri/speech/1996/0914.html（二〇二〇年一月四日閲覧）。

3　清水真人・二〇一八『平成デモクラシー史』ちくま新書、二二七頁。
4　中北、前掲書、一一八頁。
5　『朝日新聞』二〇二〇年四月二一日付朝刊。

引用・参考文献

榎本尚行・二〇一八「行政改革による官邸機能の強化と課題」『立法と調査』一二月号。

金井利之・二〇一八『行政学講義――日本官僚制を解剖する』ちくま新書。

清水真人・二〇一八『平成デモクラシー史』ちくま新書。

砂川浩慶・二〇一六『安倍官邸とテレビ』集英社新書。

中北浩爾・二〇一七『自民党――「一強」の実像』中公新書。

森功・二〇一九『官邸官僚　安倍一強を支えた側近政治の罪』文藝春秋。

第二章　野党の弱体化と労働界

二〇一二年総選挙

二〇一二年一一月一四日、野田佳彦首相は党首討論で衆議院の解散を宣言し、一六日、実際に衆議院を解散した。その年の七月に小沢一郎グループが、野田執行部が自由民主党（自民党）・公明党と消費増税を決定したことに反発して、新党「国民の生活が第一」を結成したため、与党・民主党は大幅に議席を減らしていたが、連立与党の国民新党と共にかろうじて衆議院定数の過半数以上の候補者を立てて、選挙に臨んだ。一方、野党・自民党も公明党と盤石の選挙協力を築き、総選挙に臨んだ。この民主党と自民党の一騎打ちに割って入る形となったのが、第三極と呼ばれた中小政党であった。まず、小沢グループは「卒原発」論者の嘉田由紀子滋賀県知事を党首に担ぎ、「日本未来の党」を結成した。民主党と日本未来の党は互いの有力議員の選挙区に刺客候補をたて合い、結果として共倒れすることになる。また、橋下徹大阪市長は、「日本維新の会」（維新）を結成。石原慎太郎前東京都知事が結成していた「太陽の党」と合流して、石原を代表に据えた。一方、渡辺喜美元行政改革担当相率いる、「みんなの党」も前回総選挙に引き続き、総選挙に参加した。

二〇一二年総選挙の結果（衆議院定数四八〇）、自民党が改選前一一八議席から二九四議席へと大きく議席数を伸ばして第一党に復帰した。公明党も二一議席から三一議席へと議席数を伸ばし、自民・公明両党の政権復帰が決定的となった。一方、二〇〇九年以来の与党であった民主党は、改選前の二三〇議席から五七議席へと激減し、国民新党も改選前の二議席が一議席となって、藤村修官房長官はじめ現職閣僚八人が落選した。日本未来の党も改選前の六一議席が九議席に激減する大敗を喫した。一方、維新は一一議席から五四議席へと民主党に迫る議席数を獲得するほどの躍進ぶりをみせ、みんなの党も八議席から一八議席へと議席数を伸ばし、一定の存在感を見せるのに成功した。日本共産党（共産党）は改選前九議席から八議席へと一議席減の微減であった。

こうして自民党・公明党は政権を奪還した（第二次安倍内閣の発足）が、自民党の得票数は下野した二〇〇九年総選挙すらも下回っていた。非自民政党が乱立し、互いに足を引っ張ったことで、結果的に自民党が漁夫の利を得た結果であった。小泉進次郎自民党青年局長は「そよ風も感じない無風だった。民主党がひどすぎ、新党が新党に見えなかっただけ。有権者が自民党を評価した結果ではない」(1)と、この選挙の印象を述べていた。

二〇一三年参議院議員選挙

この構図は翌年の参議院議員選挙でも再現された。すなわち、与党の自民党と公明党が選挙協力をして選挙に臨んだのに対して、野党は結束できないまま選挙に臨んで、反自民票を奪い合う足の引っ張り合いをおこなったのである。自民党は一人区を中心に順当に議席を確保し、改選議席三四を六五へと議席を大幅に増やし、公明党も改選議席一〇を一一へと一議席増やしたのに対して、民主党は改選議席四四を一七に激減させる大敗を喫した。嘉田に代わって小沢が党首に就き、日本未来の党から党名を変更した「生活の党」は一議席も獲得できなかった。旧民主党勢力とは異なり、第三極と共産党は好調であった。みんなの党と共産党は改選議席三を八に、維新は改選議席二を八へと伸ばした。

この選挙で自民党・公明党は衆議院に続いて、参議院でも過半数を回復した（改選数一二一）。

自民党・公明党が着々と党勢を回復させる一方、野党内では分裂・再編が続いていた。二〇一三年一一月、みんなの党では特定秘密保護法をめぐって渡辺代表と江田憲司前幹事長が対立し、江田派が離党して、「結いの党」を結成。みんなの党自体も二〇一四年の衆議院解散直後に解党した。維新では、結いの党との合同を目指す橋下とこれに反対する石原の対立が深まり、二〇一四年八月、石原グループは「次世代の党」を新たに結成し、橋下グループは翌月、結いの党と合同して「維新の党」を結成した。

二〇一四年総選挙

野党が混乱し、与党に対抗する体制がなかなか構築されないなか、安倍首相は消費税増税の先送りを名目に二〇一四年一一月に衆議院の抜き打ち解散を仕掛けた。

最大野党の民主党は党の再建もままならないうちの解散で、再度の政権交代を訴えるどころではなかった。枝野幸男幹事長は「今回は任期四年の折り返しもしていない選挙。中間テストだ。その次の衆院選では政権の選択肢として認めていただけるような議席を獲得し、国会で活動していきたい」(2)と訴え、一〇〇議席を目標にするのがやっとだった。

この選挙で衆議院定数は五削減され、四七五となったが、自民党は改選前より四議席減らした二九一議席を獲得、公明党は四議席増やした三五議席を獲得して、両党で前回総選挙に続いて定数の三分の二を占めるのに成功した。民主党は一一議席増やしたものの七三議席に終わり、野田元首相の後任である、代表の海江田万里元経産相は落選した。維新の党も一議席減らした四一議席と振るわなかった。次世代の党は一九議席を二議席へと激減させる大敗を喫した。野党の戦績がさえないなかで、健闘をみせたのが共産党で、一三議席増の二一議席を獲得した。

野党共闘の兆し

野党の間でようやく共闘の動きが出てくるのは、二〇一五年になってからである。この年、安倍内閣は国会に集団的自衛権の限定容認を含む安全保障関連法案を提出した。海江田に代わって民主党の代表に就任していた岡田克也元外相は、法案に理解を示す党内保守派を押さえて、反対路線を貫き、同じく法案に反対する共産党の志位和夫委員長と共に法案に反対する集会で肩を並べた。この岡田の姿勢が共産党を民主党との共闘へと動かすことになった。

法案が成立した九月一九日、共産党は「安全保障関連法廃止・立憲主義を取り戻す」の一点で一致する政党で形成される国民連合政府の樹立を他の野党に呼びかけ、その前提として来る国政選挙で野党間の選挙協力を実施することを決定した。共産党の呼びかけに呼応するように、「安全保障関連法に反対する学者の会」とＳＥＡＬＤｓ（自由と民主主義のための学生緊急行動）などの有志は「安保法制の廃止と立憲主義の回復を求める市民連合」を一二月二〇日に立ち上げ、野党間の選挙協力の仲介役に名乗り出た。

翌年の二月一九日、安全保障関連法案に反対した五野党（民主党、維新の党、共産党、社会民主党〈社民党〉、生活の党と山本太郎と仲間たち〈生活の党から党名変更。以下、生活の党と表記〉）党首会談が開かれ、「安保法制の廃止と集団的自衛権行使容認の閣議決定撤回を共通の目標とする」「安倍政権の打倒を目指す」「国政選挙で現与党およびその補完勢力を少数に追い込む」「国会における対応や国政選挙などあらゆる場面でできる限りの協力を行う」の四項目で合意し、野党間での選挙協力に一歩踏み出した。

しかし、安全保障関連法案の対応をめぐって維新の党執行部と橋下グループは対立を深め、橋下グループは二〇一五年一一月、新たに「おおさか維新の会」を結成した。一方、維新の党は翌年三月、民主党に合流。維新の党の合流に伴い、民主党は党名を民進党に変更した。

民主党最大の支持基盤である日本労働組合総連合会（連合）はこの動きを歓迎しなかった。維新の党は労組批判をおこなっており、連合内には旧維新の党勢力に対する警戒感が存在していたからである。また、連合は共産党を「目指す国家観や理念が異なる」と見なしており、民進党と共産党との共闘にも消極的な姿勢をみせた(3)。現に二〇一六年の新潟県知事選では連合は自公系の候補を支援し（民進党は自主投票）、東京都知事選では野党連合候補を推さず、自主投票とした。

二〇一六年の参議院議員通常選挙では、一人区で野党四党（民進党・共産党・社民党・生活の党）統一候補が一一選挙区で当選する善戦をみせた。前回の参院選では一人区で自民党以外の候補が当選したのは岩手と沖縄の二選挙区だけだったので、野党共闘が一定の成果をおさめたといえる。しかし、全体的には選挙結果は与党の勝利であった。自民党は六議席増やして五六議席を、公明党が五議席増やす一四議席を獲得した。さらに改憲に前向きなおおさか維新の会が五議席多い一四議席を獲得し、改憲勢力が参議院の三分の二を占めるに至った。野党陣営では共産党が三議席多い六議席を獲得したものの、民進党は一三議席少ない三二議席にとどまり、大敗した（改選数一二一）。大敗の責任をとり、岡田は次の代表選に出馬せず、蓮舫元行政刷新相が新たな民進党代表となった。

しかし、党内では野党共闘の継続を主張するリベラル派と共産党との共闘を嫌う保守派が対立した。蓮舫は保守派の野田元首相を幹事長に任命したものの、どちらに軸足を置くか決定することはできなかった。このような状況下で実施されたのが東京都議会議員選挙である。

参議院議員時代の政治資金の私的流用や都知事時代の派手な外遊や公用車の私的利用などが批判された舛添要一東京都知事は、二〇一六年六月に辞任。翌月実施された都知事選挙では、自民党を離党した小池百合子元防衛相が、与党が推した増田寛也元総務相、野党が推したジャーナリストの鳥越俊太郎を破って当選した。小池は都知事に就任すると、地域政党「都民ファーストの会」を結成し、都議会民進党から都民ファーストの会に鞍替えする議員が相次いだ。その結果、二〇一七年七月に実施された都議会議員選挙では都議会民進党の獲得議席はわずか五議席（前回の都議選では一五議席）にとどまり、蓮舫は責任をとって代表を辞任した。

この都議会議員選挙で民進党以上の大敗を喫したのが都議会自民党である。都議会自民党は前回都議選で獲得した五九議席から二三議席へと議席数を半分以下に減らす史上最大の大敗を喫した（なお、都民ファーストの会は五五議席、都議会公明党は二三議席を獲得した。都議会定数は一二七）。大敗の理由の一つは都議会公明党の支援を得られなかったことである。都議会公明党は小池知事誕生後、小池に接近し、二〇一六年一二月、小池知事と対立する都議会自民党との決別を宣言していた。『読売新聞』の試算によれば、もしも公明党の協力を得ていれば、都議会自民党は三五議席獲得することができていたという。それでも過去最低だった二〇〇九年の三八議席には及ばず、『読売新聞』は「学校法人『加計学園』の獣医学部新設を巡る問題などで、自民党への風当たりがいかに強かったかがうかがえる」と報じている(4)。加計学園問題とは、首相主導の国家戦略特区制度を用い、愛媛県今治市に獣医学部を新設するべく動いた加計学園の理事長が安倍首相の腹心の友であったため、内閣府や首相の側近が、加計学園に便宜を図るよう、文部科学省に圧力をかけたのではないかと噂された問題である。

二〇一七年総選挙と「希望の党」

蓮舫の後任を選ぶ代表選でリベラル派の枝野を破って民進党代表に選出された保守派の前原誠司元外相は小池の人気と自民党への逆風を見て、小池に接近した。小池の人気を借りることで、共産党と共闘せずに、一気に政権交代を実現しようとしたのである。

二〇一七年九月二五日、安倍首相は記者会見し、二八日召集の臨時国会冒頭で解散すると表明した。同日、小池は「希望の党」の旗揚げを宣言した。翌日、前原は民進党最大の支持組織である連合会長の神津里季生、ネットメディア会社社長の上杉隆と共に小池と会談し、民進党の解党と民進党の衆議院議員に希望の党から公認申請させることで合意した。小池は憲法観と安全保障政策が合わない議員の合流を拒否し、二九日にそのような議員を「排除する」と記者会見で答えた。世論は小池の排除発言に反発して小池新党の人気は急落した。この発言が前原と小池の思惑を狂わせることになる。また、リベラル派の枝野は排除発言に反発して、一〇月二日に「立憲民主党」の結成を宣言した。そのうえ、民進党を離党して、いち早く希望の党メンバーになっていた細野豪志元環境相が九月二八日におこなった、「三権の長（の経験者）は民進党で中核的な役割を果たしてきた方なので、ご遠慮いただくのがいい」という発言も物議を醸した。細野の発言に反発した野田元首相、岡田元代表らは無所属での立候補を、菅直人元首相は立憲民主党からの立候補を決意した。

二〇一七年総選挙では旧民進党勢力は希望の党、立憲民主党、無所属の三派に分かれての分裂選挙となった。共産党は希望の党を自民党の補完勢力と批判する一方で、立憲民主党の誕生を歓迎し、立憲民主党、社民党、野党系無所属議員などと競合する五一選挙区で候補を取り下げた（もともと擁立の予定のなかった選挙区などを合わせると六七選挙区で擁立見送り）。選挙結果は立憲民主党が一五議席から五五議席へと躍進し野党第一党に躍り出た。一方、希望の党は五七議席から五〇議席へと後退した。共産党も二一議席から一二議席へと後退した。与党は自民党が改選前の二八四議席を確保。公明党は二九議席で五議席減であった（衆議院定数四六五）。

加計問題もあり、二〇一七年総選挙は自民党にとって厳しい結果が出る可能性もあったが、民進党の分裂と互いの足の引っ張り合いが自民党を救ったのである。前原は責任をとって民進党代表を辞任し、大塚耕平参議院議員が新たな代表となった。一方、希望の党でも小池が代表を辞任し、玉木雄一郎共同代表が新たな代表となった。翌年五月、民進党と希望の党は合流し、国民民主党となり、玉木が代表となった。

民進党が立憲民主党と国民民主党に分裂したことで、連合は股裂き状態となった。すなわち、自治労・日教組など旧総評系労組出身の議員は立憲民主党へ、UAゼンセン（全国繊維化学食品流通サービス一般労働組合同盟）・自動車総連など旧同盟系労組出身の議員は国民民主党へと連合傘下の労組系議員が二党に分かれて所属することとなったからである。

二〇一九年参議院議員選挙

二〇一九年夏の参議院選挙では立憲民主党と国民民主党は明暗を分けることとなった。立憲民主党が一七議席を獲得して改選議席から八議席増やしたのに対して、国民民主党は二議席減の六議席にとどまった。労組系の候補者たちも明暗を分けた。比例区に立候補した立憲民主党の労組系候補は五人全員が当選したにもかかわらず、国民民主党の労組系候補の当選は三人にとどまり、電機連合出身の候補者とＪＡＭ（ものづくり産業労働組合）出身の候補者は落選してしまったのである。両候補とも、立憲民主党で当選した私鉄総連の候補者より得票が多かった。

比例区での得票を比べると立憲民主党が約七九〇万票だったのに対して、国民民主党は約三五〇万票と立憲民主党の得票の半数以下であり、両党の党勢の違いが明確となった。ただし、順調に見える立憲民主党も二〇一七年総選挙（比例代表区）で獲得した約一一〇〇万票と比べると約三〇〇万票も得票を減らしており、早くも退潮傾向が見え始めている。

この選挙で注目を集めたのが自由党（生活の党と山本太郎となかまたちから党名変更。自由党は二〇一九年四月に国民民主党に吸収された）共同代表だった山本太郎参議院議員が結成した「れいわ新選組」であった。この党は、選挙資金は有権者からの寄付だよりで、これといった党組織もなかったにもかかわらず、比例区で約二三〇万票を得票し、二議席を獲得した。れいわ新選組は、「消費税廃止」「奨学金チャラ」「最低賃金一五〇〇円」など、生活苦に悩む人々にアピールする具体的な政策を掲げて、有権者の支持を得た。

なお、この選挙でも一人区で野党四党（立憲民主党、国民民主党、共産党、社民党）による共闘がおこなわれ、一〇選挙区で勝利した。

一方、自民党は改選議席から九議席減の五七議席の獲得にとどまった。公明党と日本維新の会（おおさか維新の会から党名変更）はそれぞれ三議席増やして一四議席・一〇議席を獲得したが、改憲勢力は参議院の三分の二を割り込んだ（改選数一二四）。

すすまない野党共闘

二〇一九年一二月六日、立憲民主党の枝野代表は国民民主党、社民党、旧民進党系無所属議員に対して結集を呼びかけた。しかし、党名の変更など国民民主党の要求を立憲民主党側が拒否し、合流は破談に終わった。背景には立憲民主党が原発ゼロ政策を掲げているのに対して、電力総連の支援を受ける国民民主党の特に参議院議員がこれに反発するなど、両党の思想や政策の隔たりが大きかったことが挙げられる。この破談を見て、立憲民主党との合同に前向きだった社民党や無所属議員たちも態度を後退させ、野党結集は幻に終わった。

第二次安倍内閣の成立後、野党は分裂と対立を繰り返し、それが自民党と公明党に漁夫の利を与えるという構図が続いている。それでは、なぜ野党共闘は進展しないのだろうか。政治学者の中北浩爾はその理由として、共産党と他の野党の政策距離の大きさを挙げている。すなわち、反米・反大企業的な綱領を掲げる共産党との連立政権の樹立に、立憲民主党や国民民主党は消極的であり、ひいては選挙協力も消極的になる。この問題を解決するためには共産党の大幅な路線転換が必要だが、その可能性は低い、というのである。

さらに、共産党との選挙協力を続けながら、立憲民主党などが議席数を伸ばして共産党抜きの政権樹立を狙うにしても、立憲民主党と国民民主党との主導権争い、社民党との候補者調整の難しさ、非自公勢力の固定票の少なさなど問題は山積みであり、それらを解決して政権交代を実現しても、どのような与党間の政策調整の仕組みを設けるのかという重要な課題が残されている、と中北は非自公勢力の結集に悲観的である(5)。

また、立憲民主党や国民民主党の議員の中には、共産党の勢力が強い京都府選出の議員など、反共産党的な議員も存在し、連合も共産党との共闘には消極的である。こうした要因も共産党との共闘の障壁になっていると考えられるだろう。

しかし、どんなに前途多難であったとしても、野党の分裂と対立が自民党と公明党に利益をもたらしている以上、少しでも野党の結集と共闘を進めていくことが必要ではないだろうか。また、野党が結集または共闘することによって、自公政権とは異なる、どんな具体的な政策を提示できるかという点も国民に示していく必要があるだろう。

1　清水真人・二〇一八『平成デモクラシー史』ちくま新書、三二二頁。
2　同右、三六一～三六二頁。
3　『産経ニュース』二〇一六年四月一四日 https://www.sankei.com/politics/news/160414/plt1604140002-n1.html（二〇二〇年二月七日閲覧）。
4　『読売新聞』二〇一七年七月九日付朝刊。
5　中北浩爾・二〇一九『自公政権とは何か――「連立」に見る強さの正体』ちくま新書、三五八～三五九頁。

引用・参考文献

清水真人・二〇一八『平成デモクラシー史』ちくま新書。

中北浩爾・二〇一九『自公政権とは何か――「連立」にみる強さの正体』ちくま新書。

please have a brake 1

派閥の変遷——自民党と社会党

自民党の派閥

日本に政党ができて以来、保守政党の党首は前党首を含む党の長老によって選ばれていたが、一九五五年に自由党と日本民主党が合同して、自由民主党（自民党）が誕生すると、総裁は選挙で選ばれることとなった。それを機に、自民党内は「八個師団」と呼ばれる八つの派閥が出現することとなった。すなわち、旧自由党系の池田勇人、佐藤栄作、石井光次郎、大野伴睦、旧日本民主党系の岸信介、河野一郎、石橋湛山、三木武夫・松村謙三の各派閥である。一選挙区から三〜五人が選出された中選挙区制の下では、自民党の候補者は一選挙区から複数立候補するのが一般的であり、同士討ちが避けられなかった。そのため、候補者は各派閥に庇護を求め、派閥が発達した。

一九七七年、一般党員が参加する総裁予備選が導入されると小派閥は淘汰され、派閥は三木武夫、田中角栄、大平正芳、福田赳夫、中曽根康弘（各領袖の一文字をとって、「三角大福中」と呼ばれた）の五派閥となった。そのなかでも所属議員の秘書を「秘書軍団」として組織化して党員票を集めることができた、田中派が権勢をふるった。

田中派はやがて竹下登に受け継がれるが一九九二年に竹下派は小渕恵三派と羽田孜派に分裂。翌年、羽田派は自民党を離党して新生党を旗揚げし、細川護熙内閣に参画した。細川内閣の下で小選挙区比例代表並立制が導入されたことで、衆議院議員選挙における自民党候補者の同士討ちはなくなり、派閥の求心力は大きく低下した。その後、派閥の分裂や新たな派閥の結成が相次いだ。また、近年ではそもそも派閥に属さない議員も増えている。

社会党の派閥

一九四五年の日本社会党（社会党）結党時、派閥は戦前の無産政党に由来していた。すなわち、社会民衆党系＝右派（後の西尾末広派）、日本労農党系＝中間派（後の河上丈太郎派）、日本無産党系＝左派であった。

一九五一年に社会党が左右社会党に分裂したときは、社会民衆党系と日本労農党系が右派社会党、日本無産党系が左派社会党（左社）を構成したが、当初、少数に過ぎなかった左社は日本労働組合総評議会（総評）の支援を受けて大きく躍進した。この左社のなかで最大の勢力を誇ったのが鈴木茂三郎委員長の派閥である。また、第一次吉田茂内閣で農林相・片山哲内閣で経済安定本部長官を務めた和田博雄も左社に所属し、派閥を形成した。一九五五年に左右両社会党は合同するが、統一した社会党の中で最大規模を誇ったのが鈴木派であった。なお、西尾派は河上派の一部の議員と共に一九六〇年に民主社会党を結成し、社会党から離れ、のち民社党と改称した。

一九六〇年代、構造改革論（漸進的な改革を積み重なることで社会主義に到達するという考え）の導入をめぐって、鈴木派は推進派の江田三郎派と反対派の佐々木更三派に分裂し、佐々木は社会主義協会（もともとは左派の理論集団。活動家に大きな影響力があった）と関係を修復し、江田に対抗した。一九七〇年代には社会主義協会は佐々木派を脅かすまでに成長し、佐々木は江田と関係を修復して、社会主義協会に対抗した。一九七七年、社会主義協会に批判された江田が離党し、その直後に急死すると、社会主義協会批判の世論が高まり、総評の介入もあって、社会主義協会は研究集団となった。反社会主義協会派は一九八〇年に政権構想研究会を結成した。

一九九四年、村山富市委員長が就任すると、他のリベラル勢力との新党結成に慎重な村山支持グループを左派、推進派（久保亘書記長支持グループ）を右派とくくる見方が出てくるようになった（『朝日新聞』一九九五年一一月二日付朝刊）。

参考文献

岡田一郎・二〇〇五『日本社会党　その組織と衰亡の歴史』新時代社。
高畠通敏編・一九八九『社会党』岩波書店。
中北浩爾・二〇一四『自民党政治の変容』ＮＨＫ出版。
中北浩爾・二〇一七『自民党――「一強」の実像』中公新書。

第三章　安定した内閣支持率

二〇二〇年五月の世論調査で安倍政権の支持率は二七％を記録し、四月の調査から実に一七％も下落して「危険水域」といわれる三〇％を割り込んだ（『毎日新聞』二〇年五月二四日）。第一次安倍政権（〇六～〇七年）は、小泉政権が郵政民営化を花道に退陣した後に七〇％前後という高い支持率を記録したものの、閣僚の失言、政治資金問題、「消えた年金」問題などが相次ぎ、支持を失っていった。その後おこなわれた第二一回参議院選挙（〇七年七月）では、自民党が二七議席減と惨敗した。安倍首相は政権維持に意欲を見せたが、九月一二日の記者会見で突如辞任を表明して政権を投げ出した形となった。民主党から政権を奪取したのち成立した第二次安倍政権は、世論調査における安定した支持を背景に六回の国政選挙のすべてで自民党を勝利に導いている。そこで本章では、第二次安倍政権以降を対象として、「なぜ安倍政権は安定した支持を得るのか？」の問いを立て、いくつかの点から明らかにする。

世論（Public Opinion）とは、人々がもつ政治的な意見（opinion）の集合体であり、短期的に変化することが特徴である。そして、国内経済の好調・不調や外交政策の成功・失敗によって、その時どきの

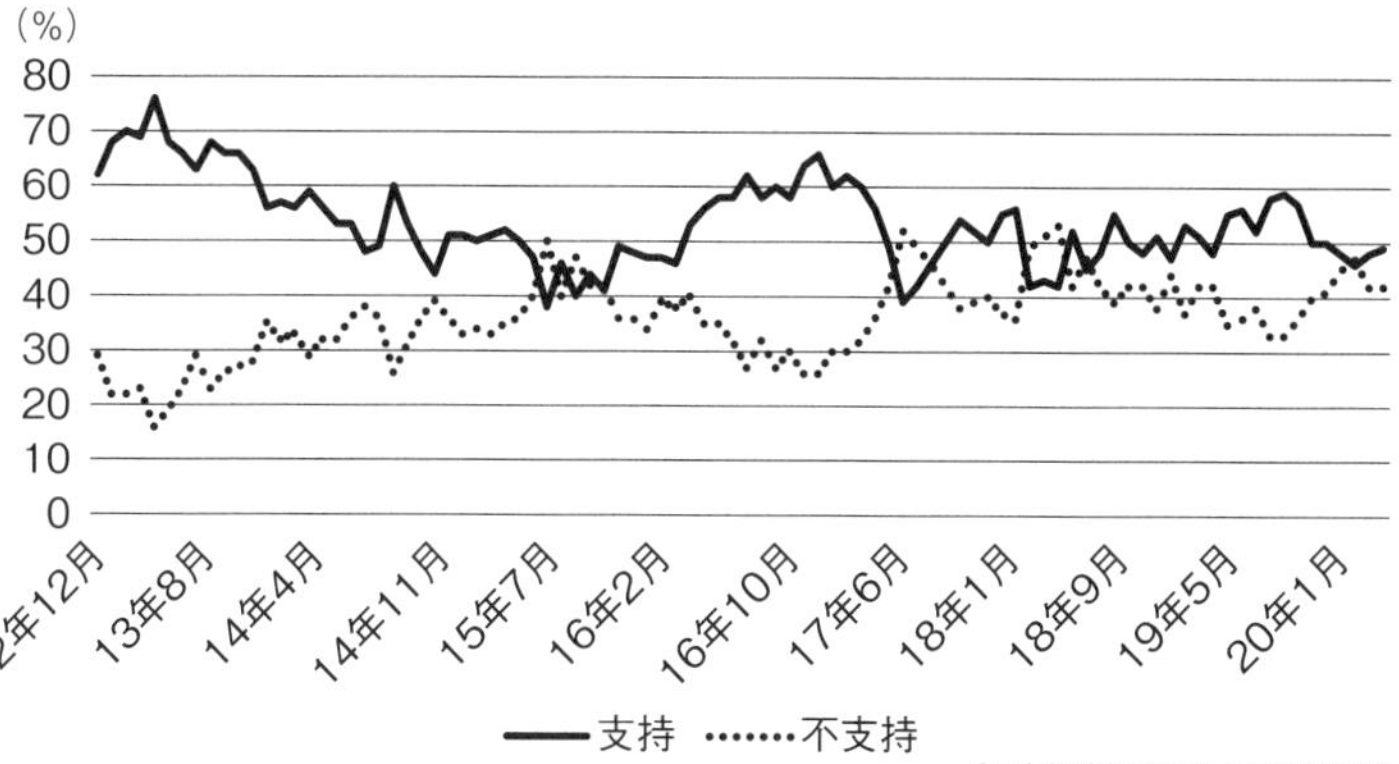

（日本経済新聞調査より著者作成）

図1　第二次安倍内閣以降の支持率

政権に対する意見が内閣支持率となって現れる。図1より二〇一二年以降の内閣支持率を確認してみると、危険水域である三〇%台を記録したことは数回のみで、その都度挽回し安定した支持を受けている。それはなぜか。

ＮＨＫが実施している世論調査によれば、安倍政権を支持する理由のトップは常に「他の内閣より良さそうだから」、次に「実行力があるから」となっている(1)。つまり有権者は、積極的に政権を支持するというよりも、他に適当な首相候補が見当たらないために支持しているといえよう。また、民主党政権の混乱ぶりを見てきた国民が、安倍政権の「安定」した政権運営を支持していることも指摘されている（井田・二〇一八、一五八〜一五九頁）。では、安倍政権はどのようにして支持率低下という危機に対処したのだろうか。

低下した支持率、その挽回策

二〇一二年末の組閣以来、安倍政権は幾度となく支持率低下の事態に直面した。ここでは図1(2)を見ながら、支持率の低下事例をいくつか取り上げ、低下の理由と対策、結果の三点をまとめてみよう。

二〇一四年七月――集団的自衛権問題

二〇一四年七月、安倍政権は集団的自衛権の行使を容認する閣議決定をおこなった。それまでの「海外での武力行使につながる集団的自衛権は違憲である」との立場を転換したことで、これに反対する世論が広まり支持率は政権発足以来の最低水準を記録した。

これに対し、安倍首相は内閣を改造し、小渕優子経産大臣などの女性閣僚(五名)や、総裁選を戦った石破茂を入閣させることで衆目を集め、支持率を大幅に上昇させることに成功した。しかし、小渕大臣の政治資金問題や松島みどり法務大臣の「うちわ」問題(公職選挙法の寄付に該当する可能性)が立て続けに発覚して両大臣が辞任に追い込まれたことから、支持率は再び低下に転じたのである。これを挽回したのが衆議院の解散・総選挙である。

一一月一八日、安倍首相は衆議院の解散を表明した。解散の理由として挙げられたのは、翌年四月に予定されていた消費税一〇%への引き上げ延期の是非、政権の経済政策(アベノミクス)への評価であった。第四七回衆議院選挙では、自民・公明の与党が引き続き議席の三分の二を確保し、大勝した。一方の野党は、沖縄県での選挙区の棲み分けに成功したものの、他の選挙区では各党の候補者が乱立したことで与党を利する結果となった。そして、総選挙後におこなわれた世論調査では支持が再び上昇に転じたのである。

二〇一五年六月――安全保障法制問題

二〇一四年、安倍政権が集団的自衛権の行使容認を閣議決定したことに対し、世論調査では反対意見が多数を占める結果となった。そして二〇一五年五月に提出された安全保障法制は、日本の外交・安全保障に関する大きな論争を巻き起こした。しかも、六月四日の衆議院憲法審査会が決定打となり、世論は安倍政権に対して厳しい評価を下した。同会では、与党推薦でありながら長谷部恭男が正面から安保法案を批判したのである(3)。

「集団的自衛権の行使が許されるというその点について、私は憲法違反であるというふうに考えております。従来の政府見解の基本的な論理の枠内では説明がつきませんし、法的な安定性を大きく揺るがすものであるというふうに考えております。」

また、長谷部以外の二名も、つまり出席した三人全員が安保法案を違憲だと表明した。菅義偉官房長官はこのことについて「『違憲じゃない』という学者もいっぱいいる」と反論したが、学界の大勢が同法案を違憲であると認識していることが広く知られることとなった。そして七月一六日に衆議院本会議で強行採決が行われたことで同法案への反対世論が高まり、七月の世論調査では内閣発足以来初めて、支持と不支持が逆転したのである。

八月一四日、安倍首相は「戦後七〇年談話」を発表、世論はこの談話に好感を示し再び支持が上回った。続いて九月二四日の記者会見において、「二〇二〇年までの名目GDP（国内総生産）六〇〇兆円達成」の目標を打ち出した。世論の関心を安保問題から経済政策に移したのである（三春・二〇一九、四六頁）。

有権者の関心を賛否が分かれる安全保障問題から経済問題にシフトさせる手法は、一九六〇年代の安保改定問題にも見ることができる。日米安保条約の改正を実現し、自主憲法制定を目指した岸信介政権（一九五七〜六〇）は、空前の国会デモを目の当たりにして退陣した。岸の後継となった池田勇人政権（一九六〇〜六四）は「寛容と忍耐」を掲げ、賛否の分かれる安保問題から、「所得倍増計画」といった経済政策重視の姿勢に切り替えた。安倍首相もこの手法を踏襲し、名目六〇〇兆円達成に加え、経済界に対し賃上げと設備投資拡大を要請するなど「経済重視」の姿勢を打ち出したのである。そして一〇月一七日の内閣改造（第三次安倍内閣第一次改造）により支持率を上向かせることに成功した。その後の第二四回参議院選挙（一六年七月）では自公両党が大勝し、憲法改正に前向きな「改憲勢力」が参議院においても三分の二の獲得を果たした。

二〇一七年七月――「共謀罪」法問題

二〇一七年三月、安倍政権は衆議院に「共謀罪」法案（組織的犯罪処罰法改正案）を提出した。同法案は実際の犯罪行為に至らなくても、「組織的犯罪の共謀」の段階で処罰の対象となることが特徴である。この法案に対する反対世論は強く、六〇％前後を推移していた支持率は、審議が進むにつれて低下していった。

同年七月、低下傾向にあった支持率はさらに一〇%近く下落して、支持と不支持が再び逆転した。その原因の一つとして考えられたのは、東京都議会選挙における安倍首相の応援演説である。七月一日、秋葉原駅で自民党候補の応援をおこなった際、聴衆から「帰れ!」などのヤジを浴びたことに対し、「こんな人たちに皆さん、私たちは負けるわけにはいかない!」と言い放ったのである。東京を席巻した「都民ファーストの会ブーム」が吹くなかで同会が四九議席増の五五議席を獲得した一方、自民党は現有五七議席を二三議席に減らして惨敗した。安倍首相は翌日の記者会見で「自民党に対する厳しい叱咤と受け止め、深く反省しなければならない」と発言し、また二四日の衆議院予算委員会では「今後も、政治家として真摯に考えを伝え、多くの方に耳を傾けていただき、賛同してもらえるように努力したい」と反省の弁を述べた。しかし世論調査では、「安倍政権のおごりについて」との設問に「政権におごりがあると思う」と回答した割合が六五%に達した(『日本経済新聞』二〇一七年七月二三日)。また森友学園や加計学園の問題をめぐる首相の対応も問題視されており、政権に対する信頼は徐々に低下していった。

首相は支持率低下を打破するため、衆議院の解散を選択する。その理由として考えられるのは、支持率が四〇%以上を維持していること、都民ファーストの会が国政政党の結成を目指すことから、野党同士の競合が起きると期待したためである。かくして九月二五日、安倍首相は記者会見で衆議院の解散を表明した(国難突破解散)。そして衆議院の解散を受け、小池都知事は希望の党の結党を発表した。

同党には、共産党を含む野党共闘路線に反対していた細野豪志や長島昭久といった民進党保守系議員が参加し、七月の都議会選挙で起きた「小池ブーム」に乗って野党の主導権を握ろうと試みたのである。民進党の前原誠司代表は小池代表と会談し、希望の党に事実上合流することを決断した（『朝日新聞』二〇一七年九月二九日）。

「政権交代を実現する大きなプラットフォームをつくる（略）名を捨てて実を取る。安倍政権を終わらせるため、もう一度二大政党にするためだ。誰かを排除することではない。」

前原代表の「排除」発言は、憲法改正や安保法制などへの賛成を条件として民進党議員を選別する意向を示した小池都知事の「排除」発言を受けたものであった（『朝日新聞』二〇一七年九月二六日）。他方、希望の党に入党できない、入党を希望しない議員は、枝野幸男を中心に立憲民主党を結成し総選挙に臨むこととなった。

一〇月二二日の衆議院選挙では、自民・公明の与党ブロック、希望・維新の「第三極」ブロック、立憲民主・共産などの（中道）左派ブロックによる三勢力が互いに争う構図となったことで野党の分裂を引き起こし、与党は三分の二を維持した。選挙区は自民党、比例区は公明党にそれぞれの票を融通するバーターを中心とする与党の選挙協力が功を奏したのである。その結果、安倍首相は第四次内閣を組閣し、支持率も回復した。

一七年までの支持率低下の原因と対処、結果を確認すると、安倍政権は支持率の低下に対し内閣改造や衆議院解散を行い、有権者に新体制を印象づけることで支持率を回復させていることが特徴である。また、賛否の分かれる政策を実現させた後には経済政策を矢継ぎ早に打ち出し、関心の高い経済政策に注目を集めることに成功しているといえよう。

安倍政権とマスメディア

世論調査の際、時の政権を支持するかしないかを国民が決める場合、メディアの影響力は無視できない。たとえば、森喜朗政権（二〇〇〇～〇一年）では首相の「失言」が注目され、麻生太郎政権（二〇〇八～〇九年）では首相による漢字の読み間違いなどがメディアを賑わせ、それに伴い支持率も低下していった。時の政権にとってメディアは、「やっかいな相手」であることには変わりない。そこで安倍政権におけるメディアとの関係を確認してみよう。

安倍政権の特徴は、首相だけでなく、菅義偉官房長官もメディア対策を担っていることにある。官房長官は何か問題が起きるとすぐに記者会見を開くことで知られており、問題に対処するかどうか別にして「打っている感」（三春・二〇一八、六六頁）を出している。一方安倍首相は、マスコミ幹部との頻繁な接触、つまり大手新聞社やテレビ局幹部との会食が多いことが知られている。完全にオフレコの環境で首相と記者が「懇親を深める」場を設けているのである。権力を行使する側の首相と、権力を監視する側の記者がこうした環境で会食をすることに批判も多く、マスメディアが次のように弁解していることは興味深い（『朝日新聞』二〇二〇年二月二四日）。

「政治家と時に会食をすることに、少なくない人びとが疑いのまなざしを向けています。取り込まれているのではないかという不信だと思います。官邸クラブの記者が首相との会食に参加したことについてのご批判はその象徴だと受け止めています。（略）今回の首相との会食への参加には、社内でも議論がありました。桜を見る会をめぐる首相の公私混同を批判しているさなかです。しかし、私たちは機会がある以上、出席して首相の肉声を聞くことを選びました。厳しく書き続けるためにも、取材を尽くすことが必要だと考えたからです。取り込まれることはありません。そのことは記事を通じて証明していきます。」

メディア幹部との頻繁な会食の背景には、首相がメディアを組織として捉え、「反安倍」とならないように配慮しているとの指摘もある（御厨・二〇一五、六六頁）。大手メディアに対する宥和的な態度の一方、安倍首相はソーシャルメディア上において強気の姿勢で臨んでいた。二〇一四年一一月、衆議院解散（アベノミクス解散）に疑問を持った大学生が小学四年生になりすまして「どうして解散するんですか？」というインターネットのサイトを立ち上げた。当初から本人の年齢設定を疑問視されており、首相はFacebookで「批判されにくい子供になりすます最も卑劣な行為だと思います」と投稿したのである(4)。首相のこうした投稿には、「一対一の論戦も当意即妙の応対も苦手なので、一方的に喋る。よって、一対一の対応にならない場所で喋る媒体を選ぶ」との指摘もある（御厨・二〇一五、七〇頁）。安倍首相は元来Facebookを主張の場として利用していたが、近年はTwitterやInstagramを活用することで親しみやすいイメージをつくりあげようとしている。首相自身のTwitterや首相官邸のInstagramなどで芸能人との記念写真を投稿していることなどが知られており、若年層・無党派層からの支持獲得を目指しているといわれている（『朝日新聞』二〇一九年七月三日）。

無党派層

無党派層とは、どの政党も支持していない人のことを指す。一九六〇年代まで無党派層は政治的な無関心層と同一視され、その比率も一〇％未満だったことからあまり顧みられることはなかった。しかし七〇年代に入り無党派層が増えはじめ、九〇年代には約三五％となり増加の一途をたどった。そして自民党長期政権の崩壊、七党一会派による連立政権（細川護熙内閣、九三〜九四年）の成立と瓦解、その後続いた政党の離合集散などにより、九五年には無党派層が約五〇％に達したのである。その無党派層は三つのタイプに分けることができる。①政治的な関心が低く支持政党を持たない政治的無関心層（一五％）。②特定の政党を支持しない政党拒否層（二〇％）。③それまでの政党支持を捨てた脱政党層（一五％）である（田中・二〇〇三）。九〇年代以降における無党派層の増大は、①の政治的無関心層を除き、政治的な関心はあるものの支持政党を持たない人びとが増えたと理解されている。

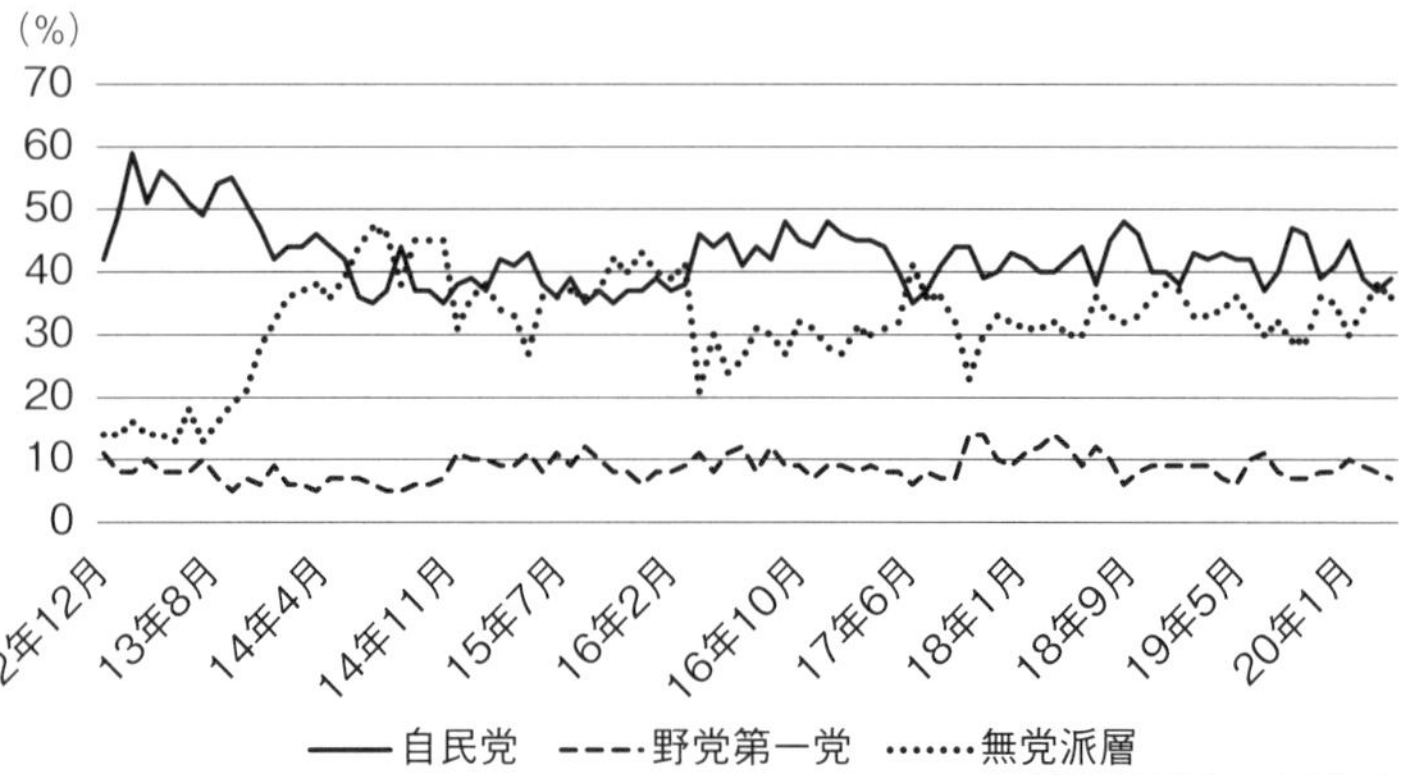

（日本経済新聞調査より著者作成）

図２　政党支持率（自民党・野党第一党・無党派のみ）

図２は自民党、野党第一党、支持（好意）政党なし、の三者をグラフ化したものである。自民党は、二〇一三年二月に五九％の高支持率を記録しており、現在に至るまで四〇％前後で推移している。野党第一党は民主党→民進党→立憲民主党と変遷しながらも、支持率は最大一四％にとどまり苦戦していることがわかる[5]。安倍政権発足直後は、政権への期待から無党派は一〇％台となっていたが、一四年夏には四七％まで上昇し、以後は三〇〜四〇％台で推移している。

次に実際の投票行動に注目してみよう。「支持政党なし」や「わからない」と回答する人は投票を棄権する傾向がある（三春・二〇一九、一五二頁）。ということは無党派層の比率が高い若年層は、他の年齢層に比べて投票率が低下することになる。それでは、若年層が自民党を支持していることについてどのように見ればよいのだろうか。一八歳選挙権の議論は一九九〇年代から活発におこなわれ、一四年の公選法改正により選挙年齢が引き下げられた（一八歳選挙権）。

この引き下げは、憲法改正のための国民投票法において、投票権者を一八歳以上としたことに合わせたものである(6)。

第四八回衆議院選挙では、新たに有権者となった一八、一九歳の投票行動に注目が集まったことで、「若年層は自民党への支持が高い」との認識が持たれるきっかけになった。たしかに自民党への投票割合は、投票者全体の三六・六%に対し、一八〜一九歳は三九・九%と若年層で高い割合を示している(『日本経済新聞』二〇一七年一〇月二三日)。しかしこれだけで、若者の多くが自民党を支持しているとは判断できない。若年層には無党派層が多いことを前提とし、三春充希は次のように分析する(三春・二〇一九、一五二頁)。

「与党も野党も若い世代ほど(政党への――引用者補)支持率が低くなるものの、その低くなり方は野党の方がずっと激しいのです。(略)選挙に行った人だけを対象とする出口調査で自民党の比率が大きくなることは納得がいきます。(略)若年層で自民党に投票した割合が高いというこの出口調査は、四八回衆議院選挙の時、自民党が若年層でこそ支持されていたのだという誤った議論を作り出してきました。しかし、出口調査で自民党に投票した若者が多かったということは、自民党の支持基盤が若年層にあることを意味しません。また、若年層の投票率が上がれば自民党に有利になることを何ら意味しません。」

第四八回衆議院選挙では、若年層は自民党を、高齢者は立憲民主党や共産党などの野党を、それぞれ支持しているという傾向があった。たしかに、若年層の保守化は広く知られており、一五年以降の若年層が権威主義的な傾向を示し始めているとの指摘もある(吉川・狭間編・二〇一九、八四頁)。また、壮年層の自民党支持率が低下傾向であるのに対し、若年層の自民党支持は下げ止まっているのも事実である(同、一一三頁)。支持政党を持たない若者は自民党に投票する割合が多いものの、支持基盤であるとは言えない。安倍政権はSNSを使いこなして若い無党派層に対するアピールをおこなっているものの、実際に支持掘り起こしに成功しているのだろうか。安倍長期政権は、こうした不確実な支持を背景として実現したのだろうか。無党派層の支持を獲得し続けることは長期政権にとって重大な問題となるが、熱心に安倍政権を支持する「固定客」の存在を無視するわけにはいかない。このことを次に確認する。

誰が安倍政権を支持しているのか

「右派三割、中道派五割、左派二割」。首相官邸は、日本人の政治的傾向をこのように見ており、安倍内閣のターゲットを次のように設定している(『朝日新聞』二〇一七年一二月一三日)。

「安倍首相の政治目標は常に中道派の半数近くを固めることに置かれている。右派へのアピールを欠かさずに三割を自らの基礎票とし、有権者の関心が高い社会保障・経済政策を打ち出して中道派右寄り層を引き寄せ過半数を握る。」

社会において、強い右派から中間層、そして強い左派の人びとがいると仮定し、中間層が最も多く存在し、その両端に強い右派と左派が少数いるという考え方がある（中位投票者モデル）。もちろん、左右の人びとが同数になるということは考えにくいが、安倍政権は右派優位と認識している。そして、首相は自らの軸足を右派に置きつつ、最も数が多い中間層の支持を得ようとしているのである。

この認識を世論調査から見てみよう。内閣発足から現在まで、支持率の最高値は七六％（二〇一三年四月）となり、政権発足後の約一年間は平均すると約六〇％となっている。それに対して最低値は、安保法制が衆議院で強行採決されたときの三八％（一五年七月）である。政権支持は最低でも約四〇％であることから、この層の人びとが安倍内閣の熱心な支持層であると思われる。その一方で不支持率を見てみると、最高値は約五〇％、最低値は約二〇％である。これも、安倍政権を支持しない層が常に二〇％程度いることを示すものである。

常に数字が求められる総理大臣は、三割を占める右派、つまり「固定ファン」を大切にしつつ、安定した政権運営するため「ライトなファン」を増やす必要がある。次に、どのようにして両者からの支持を取り付けているのかを考えてみよう。

まずは首相を熱心に支える右派層（日本会議や神道政治連盟など）への対策である。日本における右派と左派の対立は、資本主義か社会主義かという対立を中心に、防衛政策（自衛隊や日米安全保障条約）、憲法観（自主憲法制定か憲法護持か）、日の丸・君が代への態度などの対立という歴史的文脈のなかで育まれてきた。つまり、資本主義＝自民党、社会主義＝社会党という日本政治史の対立軸である。ただし、一九九一年のソ連崩壊でこの対立軸そのものが消滅し、同時に右派はライバルを失った。その後拠り所となるのは自民党が野党時代に磨いた「右派（保守）イデオロギー」であり、その具現化としての「自民党改憲案」である。固定ファンを満足させるためには、特定秘密保護法や安保法制といった法案の成立には力を注ぐ一方、選択的夫婦別姓や女性天皇などの「リベラル」な方針を認めないという立場をとる必要がある。

ただし、こうした施策ばかりではボリュームゾーンとなる中間層の支持は得にくい。そこで社会保障政策や経済政策を打ち出したり、「アベノミクス三本の矢」「女性活躍」「一億総活躍」などのスローガンを立て続けに発表することで支持を得ている。第一次安倍内閣の掲げたスローガンが「創りあげたい日本がある。美しい国、日本。」や「戦後レジームからの脱却」など、固定ファン向けのものであったこととは対照的である。

右派層をがっちりつかみ、中間層の支持も得ることで最も割を食うのは野党である。首相官邸の見立てが正しいのなら、日本社会では左派が二割にとどまり、中間から左派にかけての部分は、もとより少数派である。第四八回衆議院選挙直前の調査（二〇一七年九月）から政党支持率を見てみよう。自民党四四％、公明党三％、無党派三二％、未回答六％となっており、残りの一五％を野党が取り合う形になる。なお内訳は、民進党七％、共産党五％、維新の会二％、社民党一％となっている。

安倍政権支持の構造と野党

本章では、「安倍政権はなぜ高い支持を受けるのか」をテーマに、いくつかの側面から分析を進めてきた。

安倍政権は、さまざまな問題——右派的な政策の実施や森友・加計問題などの疑惑——などが起きて支持率の低下に直面すると、内閣改造や総選挙を躊躇なく実施して人心を一新する、または名目GDP六〇〇兆円といった経済政策を打ち出し、国民の関心をそらすことで安定した支持を受けてきた。そして、マスメディア対策やSNSの活用（メッセージ性の強いFacebookからイメージ重視のInstagramへ）などを効果的に実施することで無党派層の離反を防ごうとしてきた。

そして、日本社会における右派—中間層—左派の分布が三対五対二の比率であると分析し、それにもとづく支持層の維持・開拓を進めてきたことを明らかにしてきた。

ただし、安倍政権のこうした「努力」だけが高い支持を得ている要因であるとは言い切れない。本章の冒頭に立ち戻ってみれば、政権を支持する理由で最も多いのは「他の内閣よりもよさそうだから」である。他の内閣とは前の民主党政権であり、将来実現するかもしれない野党政権のことである。もちろん、安倍首相の有力な対抗馬が自民党内にいないことも理由となりうる。有権者は安倍政権を積極的に支持しているというよりも、他にいないから支持をしているのであり、これに代わる選択肢を提示できず、選挙協力もままならないバラバラな野党も、与党を利する結果になっている。

1 「安倍内閣はなぜ続くのか」https://www.nhk.or.jp/politics/articles/feature/25957.html（アクセス日時：二〇二〇年五月一二日）。なお、「人柄が信頼できるから」は常に最下位である。

2 「日経世論調査アーカイブ」https://vdata.nikkei.com/newsgraphics/cabinet-approval-rating/（アクセス日時：二〇二〇年五月一二日）日本経済新聞は内閣支持率の調査で支持・不支持を答えない人にもう一度支持・不支持を重ねて聞いていることが特徴であり、他の世論調査よりも「わからない・無回答」が少なく、支持率と不支持率が高めに算出される傾向がある。本章では支持・不支持のみを扱うため、日本経済新聞の世論調査データを使用した。

3 衆議院憲法審査会　二〇一五年六月四日（国立国会図書館　国会会議録検索システム）。

4 「あまりに感情的な『安倍フェイスブック』」https://president.jp/articles/-/14119（アクセス日時：二〇二〇年五月一二日）なお、首相はこの投稿を削除している。

5 二〇年五月の世論調査では、最も支持を受ける野党が立憲民主党から維新の党に交代している。

6 「一八歳への選挙年齢引き下げは『タナボタ』的に決まった〜それでも、若い人の政治への『気づき』の原点になるだろう」https://www.milive-plus.net/ 政治過程論―国家論―現代国家分析 /（アクセス日時：二〇二〇年五月一二日）。

引用・参考文献

井田正道編・二〇一〇『変革期における政権と世論』北樹出版。

井田正道・二〇一八『日本政治の展開』北樹出版。

大嶽秀夫・一九九九『日本政治における対立軸――九三年以降の政界再編の中で』中公新書。

河野勝・二〇一八『政治を科学することは可能か』中央公論新社。

境家史郎・二〇一七『憲法と世論――戦後日本人は憲法をどう向き合ってきたのか』筑摩選書。

田中愛治・二〇〇三「無党派層と有権者の意識・行動」『アエラ・ムック　新・政治学がわかる』朝日新聞社。

田辺俊介編著・二〇一九『日本人は右傾化したのか――データ分析で実像を読み解く』勁草書房。

御厨貴・二〇一五『安倍政権は本当に強いのか――盤石ゆえに脆い政権運営の正体』ＰＨＰ新書。

南彰・望月衣塑子・二〇一八『安倍政治一〇〇のファクトチェック』集英社新書。

福田直子・二〇一八『デジタル・ポピュリズム――操作される世論と民主主義』集英社新書。

三春充希・二〇一九『武器としての世論調査――社会をとらえ、未来を変える』ちくま新書。

吉川徹、狭間諒多朗編・二〇一九『分断社会と若者の今』大阪大学出版会。

吉田徹編・二〇一八『民意のはかり方――「世論調査×民主主義」を考える』法律文化社。

吉田徹・二〇一六『「野党」論――何のためにあるのか』ちくま新書。

第四章　自民党の右傾化

二〇〇六年九月二六日に成立した第一次安倍政権は、自らの内閣を「美しい国内閣」と名付け、「戦後レジームからの脱却」を掲げた。「わが国と郷土を愛する態度を養う」、いわゆる「愛国心」を盛り込んだ教育基本法の改正（〇六年一二月）を皮切りに、防衛庁を省に昇格する防衛庁設置法等改正（同月）、憲法改正を決める国民投票法（〇七年五月）など、それまでの自民党内閣が実現できなかった政策を次々に実現していった。その一方で第一次政権は組閣時から「お友達内閣」や「論功行賞」の批判が絶えず、閣僚の不祥事（佐田玄一郎行政改革担当大臣、松岡利勝・赤城宗徳農水大臣による事務所費問題など）に対する「身体検査」の甘さへの批判や、「消えた年金問題」（年金記録の記録漏れが五〇〇〇万件あったことが発覚した）などへの批判が参議院選挙で噴出し、自民党は二七議席減の大敗を喫した。一方の民主党は二八議席増となったことから、野党が参議院で過半数を握る「ねじれ国会」となった。しかし安倍首相は続投を表明し、九月一〇日におこなわれた臨時国会での所信表明演説に臨んだものの、その二日後に突如として辞任を表明したのである。二四日の記者会見では「辞任を決意した最大の要因」である健康上の理由を明らかにした。

第二次政権（二〇一二年〜）では安定的な政権を目指して政権発足直後に改革を断行せず経済政策重

視の運営をおこない翌年の参議院選挙において三一議席増の結果を残すと、徐々に新しい政策に着手したことが特徴である（牧原・二〇一八、五七頁）。「ストロング・ナショナリスト」と指摘される安倍首相(1)は、歴史認識問題や靖国参拝、集団的自衛権といった「右寄り」の政策を打ち出した(2)。本章では、安倍首相のこうした政治姿勢を靖国神社への参拝、集団的自衛権の行使容認と安保法制の成立、憲法改正の三点から見ることとする。

政策の右傾化

靖国問題

内閣総理大臣による靖国神社への参拝が問題化したのは、一九七五年八月に三木武夫首相が参拝したことを発端にしている。三木首相は私人としての参拝であったが、八〇年一一月に鈴木善幸政権が「総理大臣が国務大臣の資格で参拝することは憲法二〇条（政教分離原則）との関係で違憲の疑いを否定できない」とする政府統一見解を発表したことで沈静化した。しかし、八五年八月一五日に中曽根康弘首相が内閣総理大臣としての公式参拝をおこなったことで中国の反発を招き、翌年から中止に追い込まれた。

こうして靖国参拝問題は沈静化したかに見えたものの、二〇〇〇年代に入るとこの問題は再び政治問題化した。それは小泉純一郎が自民党総裁選（〇一年四月）で、八月一五日の終戦の日に靖国神社への参拝を公約したことにある。当初、小泉首相は国内外、とくに中国・韓国に配慮し他の日を選んで参拝していたが、〇六年八月一五日に自身の公約を果たすべく、終戦の日に参拝したのである。首相にとっての靖国参拝は、〇一年四月の総裁選候補者討論会において初めて表明したことであり、自民党の支持組織である日本遺族会の支持を念頭に置いたうえでの行動だった。なぜなら、この総裁選から自民党都道府県連がもつ地方票が増加（各一票から三票へ）したことで一般党員の動向が総裁選に大きな影響を及ぼすことになったからである。小泉の対抗馬で本命視された橋本龍太郎は遺族会の元会長であり、小泉が靖国参拝を明言することで、一〇万人を超える自民党員を擁する遺族会の支持を分散させることを狙ったのである。

それでは、安倍首相は靖国に対してどのような認識を持っているのか。歴代首相による靖国参拝の回数を見てみると、中曽根が一〇回、小泉が六回である。一方の安倍首相は、首相の在任期間が約七年を越えとなり長期に及んでいるにもかかわらず一度のみにとどまるが、代理参拝や真榊《まさかき》の奉納などはおこなっている。回数が少ないからといって、靖国神社に関心がないわけではないことが分かるだろう。

二〇一三年五月、「みんなで靖国神社に参拝する国会議員の会」に所属する一六九人の国会議員が集団参拝をおこなった。会の一員である高市早苗・自民党政調会長（当時）は、「外交問題になる方が絶対におかしい」と述べている。これは、麻生太郎副総理が前日の春季例大祭にあわせて参拝したことに対し、韓国が外相会談をキャンセルする事態となっていたことを受けての発言である。五月二四日、安倍首相は諸外国からの批判に対し、「わが閣僚はどんな脅しにも屈しない。尊い英霊に尊崇の念を表する自由を確保してゆくことは当然」であり、「靖国の英霊に冥福を祈ることを批判されても痛痒を感じず『おかしい』と思わないのはおかしい」と反発した（二〇一三年四月二四日、参議院予算委員会）。しかし、アメリカからも閣僚の靖国参拝に対する批判が出されると表現をトーンダウンさせた。

安倍首相は同年八月一五日、萩生田光一総裁特別補佐（当時）を代理として、自民党総裁名で玉串料を奉納した。そして同年一二月二六日、実際に靖国神社を参拝したのである。周囲の反対を押し切っての決行は、それまで以上に国際社会からの強い批判を受けることになった。特にアメリカは、在日大使館を通じて「日本の指導者が近隣諸国との緊張を悪化させるような行動をとったことに失望している」とする異例の声明を発表した（『ロイター』二〇一三年一二月二六日）。

閣僚による参拝が国際問題化する理由の一つに、東條英機などをはじめとする戦時中の政治的指導者、つまり東京裁判でA級戦犯とされた人びとを合祀したことが挙げられる。一九七八年、宮司の松平永芳は、A級戦犯を「昭和殉難者」として合祀した。松永は後に手記の中で次のように記している。すなわち、東京裁判での処刑が講和条約の締結前におこなわれたことで「『戦闘状態のさ中』で殺されたた。つまり、戦場で亡くなった方と、処刑された方は同じである」（松永・一九九二）という論理であり、だからこそ、ほかの戦死者と共に祀ったというのである。

しかしA級戦犯の合祀を契機に、天皇による参拝がなくなったという事実も無視できない。二〇〇六年七月に公表された富田朝彦・宮内庁長官（当時）のメモ（一九八八年四月、いわゆる「富田メモ」）には、昭和天皇が合祀に対して不快感を抱いていることが記述されている（『日本経済新聞』二〇〇六年七月二〇日)。

「私は或る時に、A級が合祀され

その上、松岡、白取《(ママ)》までもが。

筑波は慎重に対処してくれたと聞いたが

松平の子の今の宮司がどう考えたのか、易々と

松平は平和に強い考えがあったと思うのに

親の心子知らずと思っている。

だから 私あれ以来参拝していない。

それが私の心だ」

昭和天皇はA級戦犯が合祀されたことで参拝しなくなったことがメモに記されており、大きな反響を巻き起こしたのである。

安倍首相は靖国参拝にあわせ、「本日、靖国神社に参拝し、国のために戦い、尊い命を犠牲にされたご英霊に対して、哀悼の誠をささげるとともに、尊崇の念を表し、御霊安らかなれとご冥福をお祈りしました。」との談話を発表した。

戦場に倒れた兵士が神として祀られる以上、彼らが参加した戦争はすべて正しい戦争、日本の自存・自衛のための戦争でなければならない(内田・二〇一四、三六頁)。閣僚の靖国参拝が政治問題化する根本

的な原因は、靖国神社が宗教法人であり、そこへの参拝が憲法二〇条に定める政教分離原則と抵触する可能性が排除できないからである。小泉政権では、福田康夫官房長官のもとに置かれた私的諮問会議（追悼・平和祈念のための記念碑等施設の在り方を考える懇談会）が設置され、「何人もわだかまりなく戦没者等に追悼の誠を捧げ」るためには宗教性を排した施設が必要であると報告された。しかし、これに対して日本会議などの右派団体や靖国神社はむしろ、宗教性の排除に反対したことから問題解決の道筋は立っていない。靖国参拝を取り巻く問題は、こうした政治と宗教との関係を基底に、首相の参拝をめぐる是非論、A級戦犯の評価、そして諸外国との関係などさまざまな論点があるため、多様な議論が求められている。

集団的自衛権と安全保障法制

安倍政権のもと、日本の安全保障政策は大きく変化した。集団的自衛権の行使を認める閣議決定と安全保障法制（安保法制、野党は戦争法とも）の成立である。首相はもともと、集団的自衛権を認めるべきであるとの立場をとっていた。

「日米安保条約第五条には、日本の施政下にある地域が攻撃を受けた際は、共同対処する旨が記されています。つまり米国の兵士は、日本のために命を懸けることになっています。では仮に尖閣海域の公海上を米国の船と海上自衛隊の船が航行している際に、米国の艦船が攻撃を受けた際、自衛隊はこれを救出できるのか。集団的自衛権の行使を認めない限り、答えはノーです。」（安倍・

二〇一三、一三五頁）

安倍首相は一二年二月の記者会見において、第一次内閣で設置し休眠状態となっていた「安全保障の法的基盤の再構築に関する懇談会（安保法制懇）」の再開、そして改めて集団的自衛権についての検討をおこなうことを表明した。さらに「憲法の番人」と称される内閣法制局長官に同懇談会の実務を担当していた小松一郎外務省国際法局長を任命した。この人事は、法務省や財務省など四省庁からの出身者の次長が長官に昇格するという慣例を破る形となった。内閣法制局は従来、集団的自衛権の行使が憲法に反すると解釈していたことから、集団的自衛権の行使容認に舵を切るのではないかとの指摘もあった（『朝日新聞』二〇一三年八月三日）。小松長官は、憲法上禁じられている集団的自衛権の行使を認める議論に「内閣法制局として積極的に参加」することを表明、安倍首相を後押しした（『日本経済新聞』二〇一三年八月一七日）。

安保法制懇は、二〇一四年五月に提出された報告書において「我が国を取り巻く安全保障環境」が「より一層厳しさを増している」ことから、「従来の憲法解釈では十分対応できない状況に立ち至っている」との認識を示し、「必要最小限度の自衛権の行使には個別的自衛権に加えて集団的自衛権の行使が認められるという判断も、政府が適切な形で新しい解釈を明らかにすることによって可能」であると結論づけた(3)。つまり、集団的自衛権の行使には憲法改正ではなく、政府による「新しい解釈」によって可能になることを明らかにしたのである。七月、政府はこの提言をもとにして集団的自衛権行使を可能とする憲法解釈の変更、そして安全保障法制の整備を閣議決定した。集団的自衛権の行使に反対してきた連立与党の公明党を押し切った形となったのである。なお、行使にあたっては「自衛の措置としての武力の行使の新三要件(4)」が必要であることが示されたが、世論の反対は強かった。

二〇一五年五月、国会に安保法制関連法案が提出され、審議が進むにつれて法案への賛否をめぐり国会内外で議論が広がっていった。しかし野党の激しい抵抗も虚しく、七月一六日に衆議院で、九月一九日に参議院でそれぞれ可決され、安保法制は成立した。これを受け、八月三〇日には安保法制に反対する人びとが国会前でデモをおこなった。近年にない一二万人(主催者発表)の人びとが集まったのは、憲法上認められないとされてきた集団的自衛権の行使が閣議決定によって認められたこと、戦後日本が有してきた価値観が時の政権による解釈によって変更されることに対する危機感からである。この懸念は野党間で共有され、とくに独自路線をとっていた共産党は、閣議決定の撤回と安保法制の廃止で一致する野党と選挙協力をおこない、「国民連合政府(連立政権)」の樹立を目指すとの方針を打ち出すに至った。

法案成立後、安倍首相は記者会見において「私も含めて、日本人の誰一人として戦争など望んでいない。当然のことであります」が、「戦争法案といったレッテル貼りを行うことは、根拠のない不安をあおろうとするものであり、全く無責任である。そのことを改めて申しあげたいと思います」と法案に反対する人びとを批判した(一五年九月二五日)。ただし、その批判は安保法制を「戦争法」と名づけたことに対してであり、解釈改憲をめぐる正当性は述べられなかった。

日本国憲法改正草案と自民党綱領

「日本国民は、国と郷土を誇りと気概を持って自ら守り、基本的人権を尊重するとともに、和を尊び、家族や社会全体が互いに助け合って国家を形成する。

我々は、自由と規律を重んじ、美しい国土と自然環境を守りつつ、教育や科学技術を振興し、活力ある経済活動を通じて国を成長させる。

日本国民は、良き伝統と我々の国家を末永く子孫に継承するため、ここに、この憲法を確定する。」

ここに掲げたのは、自民党が二〇一二年四月二七日に発表した「日本国憲法改正草案」の前文である。この草案に対し、憲法とは公権力のあり方についてのルールであり、国家権力を制限するという前提を踏まえていないとの批判もある。「党是」として改憲を謳う自民党は、二〇〇〇年代に二つの改憲方針を明らかにしていた。まずは両者を確認してみよう。

一つは、二〇〇五年に確定された自民党の「新綱領」である。ここでは「私たちは近い将来、自立した国民意識のもとで新しい憲法が制定されるよう、国民合意の形成に努めます。そのため、党内外の実質的論議が進展するよう努めます」と記されている。その五年後に制定された平成二二年（二〇一〇年）綱領には、「日本らしい日本の姿を示し、世界に貢献できる新憲法の制定を目指す。」と記されている。改憲に関する両者の書きぶりを見てみると、前者では憲法改正の機運を高めることを目標としているのに対し、後者では「日本らしい日本の姿を示す」ために新しい憲法を制定すると宣言しており、保守的な色彩を強めていることが分かる。第一次安倍政権におけるもう一つのスローガンは「開かれた保守主義」である。同政権が瓦解し、野党に転落した後に起草された二〇一〇年綱領は、その保守主義的色彩を強めたのであった。

自民党は、二〇〇九年に民主党を中心とする政権ができたことで野党となり、与党を批判するためにも自らの立ち位置を明確化する必要に迫られた。それは、「我々は、全国民の努力により生み出された国民総生産を、与党のみの独善的判断で国民生活に再配分し、結果として国民の自立心を損なう社会主義的政策は採らない」と綱領で述べているように、民主党政権＝社会主義という図式を念頭に置いたものだった。自民党内でハト派とみられていた谷垣禎一総裁は、民主党政権に対峙するために党の保守化を受け入れ（中北・二〇一四、二四二頁）、「『自由民主党とはこういう政党』であるということを早く示さなければならないという思いを強く」したのである。

このような自民党の右傾化は、野党経験のなかで強化されていった。これには、リベラルな民主党政権に対抗し、さらに自民党の支持層を固める必要にせまられていた。なぜなら、自民党員は九八年から減少傾向に転じ、さらに小泉改革による利益誘導政治の解体によって個人後援会や業界団体に頼ることが一層難しくなっていたからである（『朝日新聞』二〇〇七年二月一七日）。野党である自民党は、それまでのように予算や規制などを通じた利益配分をおこなうことができなくなり、その見返りとしての応援を得ることも困難となった。一方、「日本会議」などの右派団体は、自民党を熱心に応援した（水野、山口・二〇一九、一七八〜一七九頁）。右に寄ってきた自民党を敏感に察知したのである。自民党は、こうした右派層からの応援を獲得し続けるため、国旗損壊罪(廃案)など保守色の強い政策を発表していった。

このような保守的色彩の強さは、個人よりも国や共同体を重視する次の記述にも現れている。「我々は元来、勤勉を美徳とし、他人に頼らず自立を誇りとする国民である。努力する機会や能力に恵まれぬ人たちを温かく包み込む家族や地域社会の絆を持った国民である(二〇一〇年綱領)」。

家族や共同体を優先するこうした立場は、改憲案にも明瞭に現れている。憲法第二四条は、家族や婚姻などに関する原則を定めたものであるが、自民党改憲案では新たに一項を追加している。すなわち、「家族は社会の自然かつ基礎的な単位として、尊重される。家族は互いに助け合わなければならない」という項目は、単に家族の役割を重視しているだけではない。家族内における相互扶助の義務を憲法上に定めることで、社会保障を国ではなく家族が担う主体としているのである。また、現行憲法では社会の基本的な単位を個人に置いているのに対し、自民党の改憲案ではこれが家族と変更されていることも見逃せない。

ただし、こういった記述について自民党、とくに安倍首相は「保守」に対する独自の印象を抱いていることが注目される。それは、「わたしは、ことさら大声で『保守主義』を叫ぶつもりはない。わたしにとっての保守というのは、イデオロギーではなく、日本および日本人について考える姿勢のことだと思うからだ」という発言が象徴的であろう(安倍・二〇一三、二六〜二七頁)。保守主義はイデオロギーではなく、日本について考える「姿勢」であるという考えは、自然に培われる、普通の姿勢であるというのだ。小沢一郎が『日本改造計画』（一九九三年、講談社）で「普通の国になれ」と述べたように、「普通の」という用語は保守主義を覆い隠す用語として用いられている。インターネットを少し探索すれば、「普通の日本人」を標榜する人による排外主義的な言動や、性的少数者（LGBTQ）に対する差別的な投稿を頻繁に見ることができるだろう。

右翼と左翼

野党時代、安倍首相は民主党の菅直人内閣を指し「陰湿な左翼政権」と批判していた(5)。これは、日本国内における政党を左から右まで一本線に並べ、自民党よりも民主党が「左」であること、逆に言えば自民党は民主党の「右」であることを示している。そして「左翼」と「社会主義」は同じ意味で用いられている。これは米ソ対立下において、左とはソ連に代表される「社会主義陣営」であり、右とはアメリカに代表される「資本主義陣営」と理解されていた、いわば冷戦時代の考え方である。しかし、政治における「右」と「左」という考え方の起源はさらに古く、フランス革命（一七八九〜九九）まで遡る。革命後の議会において、議長席から見て右側に穏健派、左側に急進派と、それぞれ位置したことに由来している。つまり「漸進的な改革を行うか（右）」、「徹底した革命の遂行か（左）」の違いによるものであるといえよう。この「革命」を日本の戦後改革に置き換えてみれば、「左」とはまさに、戦後レジームという新しい体制の擁護とそれにもとづいた改革を推し進める立場であり、「右」は戦後レジームの打破と憲法改正を目標として戦前の体制に親近感を抱く立場となる。

二〇一〇年一月二四日の自民党大会では、民主党政権を「国民の自立心を損なう社会主義的政策」、「与党のみの判断を他に独裁的に押しつける国家社会主義的統治」と批判している。民主党政権に対するこのような認識には保守系議員が集う「創生『日本』」が強く影響しているといわれる。同会の活動方針を見ていると、「戦後レジームからの脱却」、「社会主義的・全体主義的体質をむき出しにする民主党政権から一日も早く政権を奪還する」などの文言が並んでいるのである。リベラルの傾向が強い民主党との差異を示しつつも、自らの組織を固めるためには「保守」の立場を強調せざるを得なかったとの指摘もある(中北・二〇一四、二三四頁)。

左右の対立、つまり社会主義と資本主義両陣営の対立がほぼイコールだった時代が終わり三〇年が経つ。政治学者の宇野重規はこの間、保守と革新という政治的ラベルが有していた意味は時代遅れになったと指摘する(『朝日新聞』二〇一九年六月一五日)。しかし、有権者は政党をイメージする際、右や左、保守やリベラルといったラベルを見て政党を認識するが、保守と革新というそもそも意味が変化していることも見逃せないポイントだろう。護憲、つまり戦後レジームを守る共産党が保守となり、既得権益の打破を主張する小泉政権下の自民党や維新の党が革新であるという理解すら成り立つのである。

第三章でも確認したとおり、第二次安倍内閣は長期に渡り安定した支持を獲得し続けている。ただし、それは安倍首相の保守的な政治的立場が支持されているということではない。すでに日本の有権者は脱イデオロギー化しており、安倍内閣が展開する政策で支持されているのは経済政策、つまり景気が良いからである（前田、平野・二〇一五）。自民党も、二〇一三年参議院選挙の選挙公約には「政権発足から半年、大胆で次元の違う経済政策『三本の矢』によって、日本を覆っていた暗く重い空気は一変しました。デフレから脱却し、経済を成長させ、家計が潤うためには、『この道しかない』そう確信しています。」と経済重視を打ち出し、ほとんどの記述を経済再建に充てている。自民党が国会において圧倒的な議席を占めているからといって、一概に日本の政治が右傾化しているとはいえない。選挙戦において経済的な実績を前面に押し出して得票を狙い、もっとも母数の多い中間層を取り込んでいるのである。

憲法改正は実現できるか

本章では、第二次安倍政権を中心に右傾化の実態を見てきた。第一次政権は「戦後レジームからの脱却」を前面に押し出し、結果として短命に終わってしまった。第二次政権は、こうした保守的なスローガンを前面に出すことを避け、「我が国にとって最大かつ喫緊の課題は、経済の再生です」（二〇一三年一月二八日の所信表明演説）と述べたように、経済重視の姿勢を押し出した。その内実は積極的な金融緩和、公共事業などの財政出動、規制緩和による成長戦略を「三本の矢」と名付けて、デフレからの脱却と経済成長を目指す「アベノミクス」として定式化したものである（中北・二〇一四、二四三頁）。これまでは好景気を背景として安定した内閣支持率を記録してきたものの、新型コロナ感染症（COVID-19）の世界的流行により経済の見通しは立たず、そして国内でも「アベノマスク」の配布や特別定額給付金をめぐる意志決定の不透明さが指摘されるなど、安倍政権自体の先行きも不透明になっている。

安倍首相は憲法改正を自らの悲願としている。これは自民党の「党是」でもある。自らの支持層をつなぎ止めるためもあって、これまで幾度となく憲法改正を推し進める発言をしてきたが、いずれも改憲への道筋をつけることができなかった。二〇二〇年の憲法記念日、安倍首相は日本会議が主催するオンライン集会に自民党の総裁としてメッセージを送り、そのなかで新型コロナウイルス感染症の拡大に関連させて次のように訴えた。

「今回のような未曾有の危機を経験した今、緊急事態において国民の命や安全を何としても守るため、国家や国民がどのような役割を果たし国難を乗り越えていくべきか、そしてそのことを憲法にどのように位置づけるかについては、極めて重く、大切な課題であると私自身認識した次第です。自民党がたたき台としてすでにお示ししている改憲四項目の中にも『緊急事態対応』は含まれておりますが、まずは国会の憲法審査会の場でじっくりと議論を進めていくべきであると考えます。」

前年の集会では、高等教育の無償化をおこなうために憲法改正が必要であると述べるなど、問題解決のために憲法改正をするというよりも、憲法改正という手段が目的になっているようにも見受けられる。安倍政権は、これまで憲法改正が必要であるとされてきた集団的自衛権の行使を閣議決定をすることで解決し、また専守防衛のもと保有できないとされてきた空母を保有するなど、これまでの憲法改正を必要とする理由を自ら取り除いていった。二〇年二月一二日の衆議院予算委員会において辻元清美議員は、安倍首相のこうした姿勢を痛烈に批判したのである。

「今、憲法改正がしたいということはわかったんですけれども、自民党は、まず九十六条からやっていくとか、結局、何でもいいんですよ。結局、できそうなところないかしらと探しているんじゃないですか、皆さん。（略）私が申し上げたいのは、何でもいいから、党是だから始まって、あるときは九十六条、あるときは緊急事態、あるときは憲法九条。

（中略）

でもね、これって安倍総理の真骨頂だと思うんですよ。ほかの政策もそうでしょう。三本の矢がだめなら女性活躍、女性活躍がだめだったら一億総活躍、あらまあ、人づくり改革。次から次に、これがいけそうかな、あれがいけそうかな。外交もそうじゃないですか。ロシア、北朝鮮、ふらふらふらふら、あっちかな、こっちかなって。」

辻元議員が批判したのは、安倍首相をはじめとする政治家が憲法改正の理由を探していることであり、「何でもいいから、党是だから」と憲法改正を求める姿勢である。これに対して安倍首相が辻元議員の質問終了後に「馬鹿みたいな質問だよ」「意味のない質問だよ」とヤジを飛ばしたことは記憶に新しい。

憲法改正は何のために必要なのか。二〇年五月、国会での憲法改正審議を急ぐべきかについての世論調査では、急ぐ必要があると答えたのは二二％、急ぐ必要はないと答えたのは七二％であり（『朝日新聞』二〇二〇年五月三日）、憲法改正を求める声が高まっているとは言いがたいのが現状である。

憲法改正は自民党の「党是」とされる。ただし、結党時には五つの基本的文書のうち「党の使命」と「党の政綱」において「現行憲法の自主的改正」が謳われたものの、最上級の文書である綱領では触れられていない。政治学者の西川伸一は、憲法改正をめぐる党内対立を反映して時代ごとに憲法改正の記述具合に浮き沈みがあることを指摘し、憲法改正を立党当初からの「党是」としていることに疑問を呈している（西川・二〇一八、二〇五頁）。「一貫して改憲を党是としてきた」といわれる自民党と、安倍首相が憲法改正を実現することができるかは、これも不透明である。

1 "Japan-U.S. Relations: Issues for Congress" (https://fas.org/sgp/crs/row/RL33436.pdf)
2 政治学者の御厨貴は、安倍首相のこうした政治姿勢を「アベノポリティクス」と呼んだ（御厨・二〇一五、八九頁）。
3 「安全保障の法的基盤の再構築に関する懇談会報告書」（二〇一四年五月一五日）三六―三八頁。
4 ①密接な関係にある他国への武力攻撃が発生し、日本の存立が脅かされ、国民の生命、自由および幸福追求の権利が根底から覆される明白な危険がある（存立危機事態）、②我が国の存立を全うし、国民を守るために他に適当な手段がない、③必要最小限度の実力行使にとどまる場合に集団的自衛権の行使が可能となる。
5 安倍晋三「『陰湿な左翼政権』これだけの危険」『WILL』二〇一〇年八月号所収。

引用・参考文献

安倍晋三・二〇一三『新しい国へ――美しい国へ　完全版』文春新書。

内田雅俊・二〇一四『靖国参拝の何が問題か』平凡社新書。

遠藤晶久、ウィリー・ジョウ・二〇一九『イデオロギーと日本政治――世代で異なる「保守」と「革新」』新泉社。

小沢一郎・一九九三『日本改造計画』講談社。

柿崎明二・二〇一五『検証　アベイズム――胎動する新国家主義』岩波新書。

蒲島郁夫・二〇一四『戦後政治の軌跡――自民党システムの形勢と変容』岩波書店。

菅野完・二〇一六『日本会議の研究』扶桑社新書。

高橋哲哉・二〇〇五『靖国問題』ちくま新書。

塚田穂高編著・二〇一七『徹底検証　日本の右傾化』筑摩書房。

中野晃一・二〇一五『右傾化する日本政治』岩波新書。

中北浩爾・二〇一四『自民党政治の変容』NHK出版。

中北浩爾・二〇一七「自民党の右傾化――その原因を分析する」塚田穂高編著『徹底検証 日本の右傾化』筑摩選書、八八～一〇七頁所収。

中北浩爾・二〇一九『自公政権とは何か――「連立」にみる強さの正体』ちくま新書。

西川伸一・二〇一八『政衰記二〇一二―二〇一八――「政治時評」七年間の記録』五月書房新社。

前田幸男・平野浩・二〇一五「有権者の心理過程における首相イメージ」『選挙研究』三一巻二号、五～一八頁所収。

牧原出・二〇一八『崩れる政治を立て直す――二一世紀の日本行政改革論』講談社現代新書。

松平永芳・一九九二「誰が御霊を汚したのか――『靖国』奉仕一四年の無念」『諸君!』一九九二年一二月号、一六二～一七一頁所収。

水野和夫・山口二郎・二〇一九『資本主義と民主主義の終焉――平成の政治と経済を読み解く』祥伝社親書。

第Ⅱ部 制度の劣化

第Ⅱ部では、代議制、選挙制度、官僚制度の三つの制度に焦点をあてる。

立憲制、内閣制度などの明治維新以降につくられた制度が、一九四五年の終戦を経て、日本国憲法が制定されたことで、根本からの改正を迫られた。

戦後の日本政治は、一九五五年から一九九三年までの「五五年体制」に代表されるイデオロギー対立と「一党優位体制」を特徴とする。ここで取り上げる代議制、選挙制度改革、行政（制度）改革は、国の政治を動かす根本となる土台の変更でもあったのであり、なぜ改革が必要であったのか、近年の政権はこれらとどう対峙しているのか、さまざまな視角から検討を試みた。

第五章　国会審議の形骸化——日本の議院内閣制

議院内閣制は一八世紀末から一九世紀にかけてイギリスで生まれた。当時のイギリスには国王と議会という二つの政治主体が存在し、国王が政治を配下の内閣に委ね、内閣が国王と議会との双方に責任を負い信任を得て、政治の舵取りをしようとするところから、この制度が誕生したのである。当初は内閣は生殺与奪の権限をもつ国王の意向に重きを置いていたが、一八三二年から始まる選挙法改正によって、国民の支持に立脚する議会に重きが置かれることとなり、重心が徐々に国王側から議会側に転じていく。このときに、ウォルター・バジョット（一八二六〜七七）によって著されたのが『イギリス憲政論』（一八六七）である。彼は政治を「尊厳的部分」と「実践的部分」に分け、前者は国王が民衆の尊敬の念を呼び起こす権威であり、後者が議会として実際に活動し、社会を統治する権力とした。

国王権力が衰退しつつあるなかで、なお、「尊厳的部分」として国王が存続する意義があることを論じたものといえよう。また、バジョットは「内閣は、国家の立法部と行政部とを連結させる委員会であり、また両者を結合させるハイフン、、、、であり、さらに両者を締め合わせるバックル、、、、である。内閣は、その起源においては立法部に属し、その機能においては行政部に属している」（傍点は原イタリック）（バジョット・一九七〇、七五頁、Bagehot・二〇〇九、一三頁）と、議院内閣制を定式化している。議院内閣制は、〈立法部―内閣―行政部〉制、なのである。このハイフンを、「立法権と行政権の二つの権力が融合する」と捉え、「アメリカ型の大統領制は、厳格な権力分立に基づく」（山口・二〇〇二、九四頁）として、対比的に理解するのが一般的である。つまり、近代国家の二つの代表的な政治機構である議院内閣制と大統領制との相違は、立法部と行政部とが融合しているのか分離（分立）しているのかの違いであり、前者は立法部と行政部が議会の選挙という、一つのものとして一元的に選出される（一元的代表制）のに対して、後者は、この二つが、議会選挙と大統領選挙と、それぞれ別個に選出される（二元的代表制）のである。議院内閣制は大統領制と比べて、議院と内閣の融合により権力の集中が認められる制度なのである。

この議院内閣制は、誕生時の、国王と議会との二つの政治主体の双方に立脚するあり方（これを二元型議院内閣制という）から、やがて一九世紀末になると、政治主体としての国王が退却し、議会にのみ責任を負う型（これを一元型議院内閣制という）（高橋・一九九四、六一頁）へと、変化して今日を迎えているのである（高橋によれば、二元型の命名は、フランスの憲法学者ルネ・カピタンRené Capitant〈一九〇一～七〇〉によるものである）。

なお、一元型議院内閣制は内閣の議会解散権の諾否をめぐって二つに分類される。内閣中心に考えれば、内閣が国民に責任を負う体制のためには無制限に解散権が認められるべき、となり、議会中心に考えれば、それは認めるべきではない、ということになるのである。これは、「消費増税延期・国難突破」として解散した事例（二〇一七年一〇月二二日総選挙）の是非（憲法七条解散の違憲性問題）を考える手引きともいえる。また、議会中心の考え方の延長線上に、政府が議会に完全に従属する議会統治制を考えることができる。

日本における議院内閣制の歴史

日本における議院内閣制の歴史を考える。一八八九年の大日本帝国憲法の成立により立憲政治が始まるのだが、この憲法の下での立法部と行政部の関係は、そもそも内閣と首相（総理大臣）は憲法に規定されておらず、帝国議会と国務大臣の規定があるのみである。そして内閣総理大臣には、他の国務大臣罷免の権限はなく、「閣内不統一」は直ちに内閣総辞職に結びついた。首相はいわゆる「同輩中の首席」（primus inter pares）に過ぎなかった。

また、首相は天皇の任命によるものであり、したがって、任命権者に対する責任は負うが、議会への責任はない。大日本帝国憲法下では立法部と行政部との融合はみられず議院内閣制であったとはいえないのである。ただ、政党内閣時代（一九一八年原敬内閣から三二年の犬養毅内閣まで）と呼ばれる時期もあり、衆議院の第一党の党首が首相に就任する「憲政の常道」（一九二四年の加藤高明内閣から三二年の犬養毅内閣まで）と呼ばれる慣例が成立し、擬似的・一時的に二元型議院内閣制が存在したこともあったということができるかもしれない。また、憲法には明記はないが一八八五年に内閣制度ができていたこともあり、これを官僚内閣制（松下・一九九八、四五頁）と呼ぶこともある。

日本国憲法下の議院内閣制の推移を振り返ってみると、大きく二つの画期がある。それは一九五五年の「五五年体制」の成立と一九九〇年代の政治・行政改革である。

「五五年体制」の成立

「五五年体制」は自由民主党（以下、自民党と略す）と日本社会党（以下、社会党と略す）の二大政党（実質は二対一つまり「一と二分の一政党」）による自民党一党優位体制（五五年体制の命名者である升味準之輔は「自民党支配体系」と呼んでいる〈升味・一九八五、六〜一〇頁〉）であり、これを支える仕組みとして、中選挙区制度、議員後援会、派閥、族議員、事前審査制、国対政治が挙げられる。これらを順次簡単に説明しよう。

中選挙区制度とは一つの選挙区でほぼ三〜五名の議員を選出する仕組みで、議会で多数・過半数を獲得しようとする政党は同一選挙区に複数の候補者を擁立することとなり、選挙民はどの政党を支持して投票するかだけでなく、同一政党の誰に投票するかを迫られることとなる。したがって、候補者は所属政党の政策提示だけでは票が集められず、いかに個人をアピールするかに腐心することとなる。そこで、候補者個人を応援する議員後援会が重要な組織として登場するのである。地区の横断的で公式な組織でなく、個々の有権者に「顔を売り」「親睦を深め」「相談に乗り」「便宜を図り」という「後援会連絡所」の看板が林立することになるのである。また、同一選挙区の候補者同士の差異化は、候補者個々人の政策やアピール・ポイントの違いとともに、応援する政治家集団の違いによってももたらされる。この政治家集団が派閥である。

自民党の派閥は五五年の結党当初から存在し、一九七〇年代にその存在が大きくクローズアップされる事態が生じた。派閥とは経歴（党人派・官僚派と呼ばれるのもあった）や主義主張を同じくするグループとして発足し、その領袖（ボス）を総裁（首相）に担ぎ上げようとして活動する。領袖は自派閥の勢力を拡張しようとして、新人を発掘し、選挙や日常活動に必要な資金を提供し、配下の議員に党役員や大臣のポストを配備すべく奮闘し、政策を学んだり相互の結束を図るために定期的に会合を開く。この派閥が鎬を削るようになったのは一九七二年の佐藤栄作退陣後の角福戦争（田中角栄と福田赳夫の後継争い）、七六年のロッキード事件（田中角栄元首相が逮捕され、田中派と首相の三木武夫率いる三木派と激しく抗争した）、七九年の四〇日抗争（衆院選の敗北による田中・大平正芳対福田・中曽根康弘・三木の争い、自民党最大の危機と呼ばれる）である。派閥は党の規約にない非公式な組織であり、その領袖が公的な（公式の制度により正当に選出された、正統な）リーダーである総裁（や首相）と政治的決定の場面に二元的・二頭的（有力な領袖の数に応じて多元的・多頭的）に登場することになりかねないのが派閥の大きな弊害といえるだろう。首相のリーダーシップが弱いとされるのはこのためである。ただ、自民党一党優位体制の下での党首交代が、不正常な形ではあるが、擬似的な政権交代を意味したこともあったともいえる。また、派閥と個人後援会を基盤とする政治は、選挙区や派閥の支持者や業界へ利益を誘導配分することで成り立つ利益誘導型政治といえる。

国会議員は派閥や官庁の役人（官僚）を通じて、万般の政策を学ぶ機会があるであろう。やがて特定の分野に通じて、それなりに専門的に習熟することがおこる。あるいは、議員になる前の経歴から最初から専門家として登場する人もいよう。こうした政治家を俗称して族議員と呼ぶことがある（猪口・一九八七、二七八頁以下）。党内に省庁に当たる行政分野に沿った、あるいはそれの細分化された、政務調査会の部会があり、その会の活動を通じて、一方で省庁の政策決定に、他方で業界の利益代弁に、と、政治力を振るおうとする政治家である。族議員は派閥と同じく公的な存在ではないが、七二年の田中角栄政権の誕生と前後して目立ってきた。田中派議員は地元の陳情を受けて、それを各省庁に振り分けてさばき、地元の支持を堅くするという手法を採り、自派閥を「総合病院」と称した。どんな患者（要求）も治癒する（適える）と豪語したのである。自民党の政策決定過程が政務調査会（とその部会）、ついで総務会において、原則として全会一致で決定するという方式であるので、族議員が活躍する場が確保されるといえる。この政務調査会の存在意義を高めているのが、事前審査制である。

事前審査制とは、政府が国会に提出する法案は事前に自民党に提案され、自民党は政務調査会で審議し、政務調査審議会、総務会で決定するというもので、決定されなければ国会に提案されない。そして国会に提出された法案は党議拘束され、議員は従わなければ罰則を受けることになる。自民党の議員にとっては法案の審議・議論はすでに党内で済んでおり、国会では、採決が残されているだけということになる。党内での議論の際に族議員が活躍することは先に触れたとおりである。こうしたボトムアップの政策決定方式が、五五年体制の大きな特徴であった。

国会でいかにして政府提案の政策を成立まで持って行くかの過程において登場するのが、国対政治である。国会は公式には議院運営委員会が国会運営の段取りを扱う。国対とは国会対策の略であり、非公式に国会各党派（主に自民党と社会党）が「話し合い」「根回し」して、円滑な国会運営を図り、与党と野党とが「強行採決」や「乱闘」が「表で対立、裏で協調」という、いわば「出来レース」で「馴れ合い政治」を演じていたと論評されることがある。また、官房機密費が使われていたという証言もある。政府は国会運営に関して、開会期日や会期を決める以外ほとんど関与せず、専ら自民党が政府与党として、議運と国対をいわば車の両輪として国会が運営されていたのである。

このように構築された五五年体制は、後援会・派閥・族議員・国対という非公式組織が運営の要となる政治であり、分権的で議員中心組織の「自民党支配体系」（升味）であった。派閥の競合により総裁に権限が一元化されず、議員以外の党員が増大せず、リーダーを選ぶ手立てももたない仕組みであったのである。こうしたなかで派閥の弊害除去と組織政党化を目指す党近代化論がたびたび登場するが（古くは一九六三年の三木答申）、中選挙区制の下では実を結ばなかった（中北・二〇一四、二五二頁）。一九九二年自民党は政治改革関連で大量の離党者を出し、翌年宮沢喜一内閣不信任案が可決され、総選挙で自民党が過半数を割り、細川護熙を首班とする非自民の連立内閣が誕生し、五五年体制は崩壊した。ここまでの議院内閣制の在り様を「議会の合理化」（野中・二〇一九、二三〇頁）という視点から考察すると次のようになろう。

本会議での議論はほとんどなく、委員会（常任委員会）が代替している。帝国議会では三読会制（イギリス議会に始まる本会議中心の議会で三つの読会を通じて審議・採決をおこなう）により法案の逐条審議がおこなわれたのだが（大正期になると読会が省略され、与党の登場により政策論争の場としての逐条審議も消えていったという〈成田・二〇一九、二〇九頁以下〉）、日本国憲法ではアメリカをモデルにした委員会中心主義に代わった。しかも、討論というよりは質疑応答に終始している（帝国議会でも逐条審議が減少すると本会議の審議の中心となったのは「質疑」であったという〈同右、二一四頁〉）。与党は事前審査制により党内ですでに審議が済んでいるので、突っ込んだ質問をしない。与党は国会から「退出」（野中・二〇一九、二三〇頁）している。

国会運営において内閣がほとんど権能を持たないことは先に述べた。かといって、議院内の政党組織が独立した政治主体であるとはいえない。議院内での役職をもたない党本部執行部（ほぼ議員である）が取り仕切り、議運と国対は、表と裏という登場場面を異にするが、いずれも本部の指揮下での出先機関という性格を持たされているのである。これを政治学者の野中尚人は「外装化」（同右、二三六頁）と呼んでいる。事前審査制と相まって、党本部は国会に対して、絶大な影響力を振るうことができるのである。国会は国会の外の組織である党本部によって動かされている。ここで、その政党を「与党」として考察したい。

新聞記事等では、一般的に「政府・与党連絡会議」「政府・与党」とはいうが、「政府・政権党」とはいわれない。また、新聞で「与党」が使われ始めたのは明治憲法下の第一次西園寺内閣末期の一九〇八年からで、「内閣とは別物ながら内閣と対等の地位に立つ「なかま」としての「与党」になったもの」（成田・二〇一九、二二一～二二二頁）とされる。ここでは内閣が政党に基盤を置いていないので政権党は存在しない。これが現在の議院内閣制の下でも、つまり、内閣（政権）が「国家の立法部と行政部とを連結させる委員会」（バジョット）であり、政権とそれと一体化・一元化している（はずの）政権党とが、依然として「政府・与党」と表記され続けているのである。また、この表現は政府と与党とが「連結」されず二元化を起こしていることも意味している。

一九九〇年代の政治・行政改革

二つ目の画期が一九九〇年代の政治・行政改革である。

一九九〇年代は、国内ではバブル経済が崩壊し、利益誘導型政治が行き詰る。また、国際政治では東西冷戦後の始まり、東欧圏の消滅という時代である。こうした内外環境の激変のなかで、国内政治・行政の在り様について議論が深まった。

政治・行政改革とそれに関連する諸問題を政治学者・行政学者・憲法学者が活発に議論を展開している。刊行順に列挙すると次のようになる。

高橋和之『国民内閣制の理念と運用』有斐閣、一九九四年
松下圭一『戦後政治の歴史と思想』ちくま学芸文庫、一九九四年
大石眞・久保文明・佐々木毅・山口二郎編著『首相公選を考える——その可能性と問題点』中公新書、二〇〇二年
竹中治堅『首相支配——日本政治の変貌』中公新書、二〇〇六年
山口二郎『内閣制度 行政学叢書 六』東京大学出版会、二〇〇七年
飯尾　潤『日本の統治構造——官僚内閣制から議院内閣制へ』中公新書、二〇〇七年

野中尚人『自民党政治の終わり』ちくま新書、二〇〇八年
松下圭一『国会内閣制の基礎理論』岩波書店、二〇〇九年
新藤宗幸『政治主導――官僚制を問いなおす』ちくま新書、二〇一二年
高橋和之『立憲主義と日本国憲法 第三版』有斐閣、二〇一三年
中北浩爾『自民党政治の変容』NHK出版、二〇一四年
牧原 出『「安倍一強」の謎』朝日新書、二〇一六年
中北浩爾『自民党――「一強」の実像』中公新書、二〇一七年
新藤宗幸『官僚制と公文書――改竄、捏造、忖度の背景』ちくま新書、二〇一九年
佐々木毅編『比較議院内閣制論――政府立法・予算から見た先進民主国と日本』岩波書店、二〇一九年

日本の統治制度である議院内閣制を俎上に載せた著作が多いことに気づくであろう。そして、議院内閣制の「議院」の替わりに「官僚」「国民」「国会」を挿入しているのは、現にある、あるいは、あるべき、議院内閣制を提示していると考えられる。官僚内閣制は先に触れたが、「内閣が政治的な機関ではなく、もっぱら行政省庁の代表によって構成されている」（野中・二〇〇八、一二三頁）という含意である。これでは、バジョットの〈立法部―内閣―行政部〉制という図式が、立法部が除外されて〈内閣―行政部〉制となり、内閣が行政（官僚）とのみ融合する。つまり、国民主権を表象する「国会は、国権の最高機関であつて、国の唯一の立法機関である」（第四一条）がないがしろにされ、さらに、行

政（官僚）が内閣をしのいで政治をすることになってしまうのである。また、「議院」の替わりに「国民」「国会」を代入する考え方は、「内閣が直接国民に政治責任を負う」（高橋・一九九四、四二頁）ことを強調し（「首相公選論のような制度改正（憲法改正）をめざしているのではない」〈同右、四三頁〉ともいう）、あるいは、「内閣は国会によって構成され、国会に責任をもちます。官僚組織としての行政機構つまり省庁は、国会・内閣によって組織・制御されるその補助機構なのです。これが《国会内閣制》です」（松下・二〇〇九、一五八頁）として、明確に「官僚内閣制」を否定し、「基本は国家統治からの出発ではなく、市民信託からの出発にあります。国家観念からの出発では国家統治型発想となりますが、市民から出発するときは政府信託型発想となります」（同右）と主張するのである。

一九九〇年代以降は政治・行政改革が叫ばれる時代となった。

一九九四年小選挙区比例代表並立制、政党助成法、政治資金規正法改正案が成立した。これにより派閥や個人後援会が候補者の擁立・決定や政治資金の配分で大きな働きをする仕組みから、党とその執行部が差配する仕組みへと変わったのである。つまり、党・執行部が候補者を決定・公認し、党が活動資金を党の支部を通じて配分するという仕組みである。

一九九九年には国会審議活性化法により政府委員（国会で大臣の代わりに答弁などをする官僚）が廃止され、副大臣・大臣政務官が設置された。これと大臣とで政務三役という。大臣が官庁・官僚組織の代弁者になることなく内閣が行政をリードし、また、国会審議においても官僚ではなく内閣が主導すべきであるという趣旨によるものである。二〇〇一年から実施された。

二〇〇一年には中央省庁再編により内閣府が誕生し、「骨太の方針」として予算編成の基本方針を提示する経済財政諮問会議が設けられた。予算編成過程を財務省（旧大蔵省）主導から内閣主導に転換し、首相権限の強化が図られることになる。

さらに、一四年には国家安全保障会議が内閣に、内閣官房に国家安全保障局が設置された。同局に対して、行政学者の牧原は「メディアの批判的評価とインサイダーの好意的評価が交差する」と述べている（牧原・二〇一六、一一四頁）。この一四年には内閣人事局が内閣官房に設置され、「審議官以上の幹部職六〇〇人の人事」を一元的に管理・掌握することとした（内閣人事局については第一〇章「国家の融解」で論じている）。

こうした一連の政治・行政改革は、首相（あるいは総裁）や内閣の主導力・リーダーシップを強め（高め）、官僚や派閥及び派閥のリーダー、ひいては政治家個人の影響力を弱めるものといえる。また、内閣人事局の設置は、「任免にいたる過程が高度に閉ざされているかぎり、議院内閣制にもとづく内閣統治の装置というよりは、官邸『独裁』の装置に近いといえよう」（新藤・二〇一九、一六六頁）と評される。

政治・行政改革の前と後とで継続しているのは事前審査制である。他の要素、派閥、後援会、族議員、国対政治、は存続してはいるが影響力は大幅に減じている。こうした改革が現状にどのような結果をもたらしているのかを考えなければならないのである。

引用・参考文献

猪口孝・岩井奉信・一九八七『「族議員」の研究――自民党政権を牛耳る主役たち』日本経済新聞社。

新藤宗幸・二〇一九『官僚制と公文書――改竄、捏造、忖度の背景』ちくま新書。

高橋和之・一九九四『国民内閣制の理念と運用』有斐閣。

中北浩爾・二〇一四『自民党政治の変容』NHK出版。

成田憲彦・二〇一九「帝国議会と日本型議会システムの形成」、佐々木毅編『比較議院内閣制論――政府立法・予算から見た先進民主国と日本』岩波書店。

野中尚人・二〇〇八『自民党政治の終わり』ちくま新書。

野中尚人・二〇一九「戦後日本における国会合理化の起源とその帰結―比較から見た国会政治とその変則性の解剖」佐々木毅編『比較議院内閣制論――政府立法・予算から見た先進民主国と日本』岩波書店。

バジョット著・小松春雄訳・一九七〇「イギリス憲政論」、『世界の名著 バジョット・ラスキ・マッキーヴァー』中央公論社、Walter Bagehot *The English Constitution* OXFORD WORLD'S CLASSICS、二〇〇九年。

升味準之輔・一九八五『現代政治――一九五五年以後 上巻』東大出版会。

牧原出・二〇一六『「安倍一強」の謎』朝日新書。

松下圭一・一九九八『政治・行政の考え方』岩波新書。

松下圭一・二〇〇九『国会内閣制の基礎理論』岩波書店
山口二郎・二〇〇二「議院内閣制の日本的弊害を克服するために」、大石眞・久保文明・佐々木毅・山口二郎編著『首相公選を考える――その可能性と問題点』中公新書。

第六章　選挙制度の疲労

「最近の政治家は小粒になった」とか「政治家の質が下がった」と言われて久しい。その原因の一つとして挙げられるのは一九九四年の政治改革でおこなわれた、衆議院における小選挙区比例代表並立制の導入であろう。小選挙区制度の導入がなぜ政治家の質の低下を招くのだろうか。二〇一二年一一月の衆議院選挙では、自民党が民主党から政権を奪還した。その際、自民党は大量の一年生議員を抱えることになったのだが、この議員たちが次々と不祥事を起こすこととなる。秘書への暴言・暴行問題で一躍有名になった人、「イクメン」を宣言しながら女性問題を起こした人、被災地での視察でおんぶをしてもらった人……これらの議員は「魔の三回生」と呼ばれ、一部の議員は離党や辞職に追い込まれた。選挙制度は、民意を議席に変換するメカニズムである。選挙制度の改革は、日本の政治に何をもたらしたのだろうか。

政策本位・政党本位の選挙を目指した改革

戦後、衆議院では長期間にわたって中選挙区制度が採用されてきたが、一九八八年に発覚したリクルート事件を発端として見直しの機運が高まった。この事件により、政界では中曽根康弘、竹下登といった幹部にとどまらず、安倍晋太郎や宮澤喜一といったニューリーダーと呼ばれる次期幹部にも疑惑が及んでいった。他にも、共和事件や東京佐川急便事件など一連の汚職事件により国民の政治不信は強まり、中選挙区制こそが腐敗の温床であるという認識が広まっていったのである。

深刻な政治腐敗問題に直面した竹下首相は、自民党総裁として党内に政治改革委員会を設置して「金のかからない選挙制度の実現」などを柱とする「政治改革大綱」を発表し、単純小選挙区の導入を訴えた。また、これと並行して首相の私的諮問機関である「政治改革に関する有識者会議」を設置して選挙制度の見直しを進めた。五五年体制下では自民党内に「党中党」と呼ばれた派閥が存在していて、互いに競い合い擬似的な政権交代をおこなっていた。派閥政治とこれに伴う政治腐敗の原因は、中選挙区制度にあると考えられていたのである。

中選挙区制下において衆議院で過半数を獲得するには、一つの選挙区で複数議席を獲得しなければならず、必然的に同士討ちが起きる。有権者は政党の違いで投票することができないため、候補者個人をもとにした判断を迫られた。そのため候補者は自らの後援会をつくり業界団体とのつながりを構築して、選挙区への利益誘導をおこなった。また当選した自民党議員は、党ではなく派閥のもとに団結し強固な派閥政治を形成した。したがって、これを打破するには選挙制度を改革し小選挙区制度を採用することが適当であると考えられたのである。一つの選挙区から一人しか当選できない小選挙区制のもとでは、党中央の力が強まるため派閥の力が弱まり、また二大政党制の形勢を促進することから、緊張感ある政治が期待されていた。

並立制	小選挙区と比例代表は独立して選出する 比例代表の当選者は「1、2、3、4…」で割り、商の大きい順に配分する （当初は小選挙区 300 議席、比例代表 200 議席）
併用制	各党の獲得議席の総数は比例代表の得票で決定する まず、小選挙区の当選者が決定する 次に、比例代表の当選者が決定する 獲得議席数より小選挙区の当選者が多い場合も当選する（超過議席）
連用制	小選挙区と比例代表は独立して選出する まず、小選挙区の当選者が決定する 次に、比例代表の当選者は「小選挙区の当選者＋ 1」から計算する 各党の獲得議席は比例代表の得票数に応じて配分されるものと近い

表1　比例代表制のバリエーション

一九九〇年四月、選挙制度審議会は定数を一二減の五〇〇議席とし、小選挙区比例代表並立制の採用を主眼とする答申を出した。海部俊樹首相は政治改革を「内閣の最重要課題」として「不退転の決意」で取り組むことを表明し、九一年八月の臨時国会に公職選挙法改正案など政治改革三法案を提出した。しかし、並立制の導入には自民党内で反対意見が強く、三法案は廃案となってしまう。その後の宮澤政権では、単純小選挙区、比例代表制のバリエーションなどについて活発に議論がおこなわれた（表1）。自民党では、現職議員の大幅な国替えをせずに済む単純小選挙区の導入で一致したものの、野党は大政党に有利なこの制度に同意しなかった。

九三年四月、政治改革推進協議会（民間臨調）は、小選挙区を三〇〇議席、比例代表を二〇〇議席とする連用制を提唱した。これを受けて併用制を主張していた社会党は、公明党など主要野党と足並みを揃え連用制の採用を決定した。一方、単純小選挙区制を主張する自民党は党内をまとめることが難しい状態だった。そんなときに飛び出したのが宮澤首相の発言である。政治改革を「この国会でやらないといけない、やるんです」と言い切った宮澤首相は、反対派が大勢であった党の執行部と対立したことで政治改革法案の成立断念に追い込まれた。これを受けて野党は内閣不信任案を提出、政治改革に熱心であった羽田孜らが造反したことで可決されるに至り、宮澤首相は衆議院を解散した。総選挙では、羽田らが立ち上げた新生党や、不信任案には反対したものの自民党を離党した武村正義率いる新党さきがけなどが躍進し、七党一会派からなる細川護熙非自民党政権がここに成立した。一九五五年から一貫して政権を担当してきた自民党は、初めて下野したのである。

細川首相は元来、保守二大政党による政権交代を主張しており、武村らと並立制を導入することで一致、九月には小選挙区を二五〇議席、比例代表を二五〇議席とする公選法改正案など政治改革四法案を決定した。しかし連立与党の社会党は選挙制度改革に消極的だったことから、参議院での審議で造反が起こり廃案となってしまう。細川首相は自民党の河野洋平総裁と会談し、小選挙区三〇〇、比例代表二〇〇（一一ブロック）とすることで合意に至った。小選挙区重視、都道府県別の比例区創設を求めていた自民党に対して、細川政権は全国一区制の比例区を断念し、重複立候補制の採用を認めることで自民党に譲歩した形となった。そして一九九四年三月に政治改革関連法案は成立したが、その後佐川急便事件を契機として細川政権は総辞職を余儀なくされた。

選挙制度と政党システム

選挙制度の変更は、その国における政党システムを変化させる。政党システムとは、主要政党の数、政党同士の勢力バランスなどが含まれる。政党システムの類型化を試みたのは、フランスの政治学者M・デュベルジェであった。彼は政党システムを、①ナチス・ドイツや旧ソ連などに代表される一党制（One-Party System）、②イギリスやアメリカなどに代表される二党制（Two-Party System）、③主要政党が三つ以上の多党制（Multi-Party System）に分類した。また、二党制は小選挙区制によって、多党制は比例代表制によってもたらされるという「デュベルジェの法則」を提唱した。

イタリアの政治学者、G・サルトーリは、デュベルジェの理論を拡張して政党の数とイデオロギーの距離に注目した政党システム論を提唱した。彼はまず、政党間における競争（自由選挙）の有無に注目して、「非競合的政党制」と「競合的政党制」に分類し、後者に五つの下位カテゴリーを設定した。①一党優位制（Predominant-Party System）、ある一つの政党が他の政党を圧倒する力を持っている状況を指しており、日本の五五年体制がこれに当てはまる。②二大政党制（二大ブロック制）、二つの政党が議席の大半を占める状況で、イギリス（保守党と労働党）やアメリカ（共和党と民主党）がこれに当てはまる。そしてサルトーリは、各政党間のイデオロギー距離、政党の数によって多党制をさらに三つに分類している。すなわち③穏健な多党制（Moderate Pluralism）、政党の数が三から五であり、イデオロギーの距離は大きくないことから政策的な妥協が可能であり、連立政権は不安定になりにくい。④分極化された多党制（Polarized Pluralism）、政党の数が六～八であり、各政党間のイデオロギー距離も大きいことから、連立政権は不安定なことが多い。⑤原子化された多党制（Atomized Pluralism）、無数の政党が乱立しイデオロギー距離も大きく、優位な政党が存在しない状態を指す。

以上は、政党システムに関する基本的な知識である。それでは、二党制が小選挙区制によって生み出されるとするデュベルジェの法則はなぜ成り立つのか。小選挙区制は最多得票者の一名のみが当選することから、第三党以下の政党の議席獲得は困難となる。なぜならば、有権者は自らの票を無駄すること（死票）を避け、より当選しそうな候補者に投票するからである（戦略的投票）。

次に比例代表制は「多党制をもたらしやすい」という見解が多いため、ネガティブな印象を持たれやすい。しかし多党化をある程度「阻止」することは可能である。たとえばドイツでは、連邦全体で五％以上の得票がない（もしくは小選挙区で三議席以上獲得できない）政党は議席計算から除外される（阻止条項）。また、比例区の範囲を縮小し定数を減らすことで、小政党の参入を阻止することもできる。

このことを踏まえて、日本の選挙制度について見てみたい。戦前期を中心に、日本では選挙制度が頻繁に変更されてきた。また年齢や納税額による制限は一貫して緩和され、一九二五年には男子普通選挙が実施された。四五年には男女普通選挙権（二〇歳以上）が導入され、二〇一五年には有権者年齢が一八歳に引き下げられた。日本の選挙制度を特徴づけたのは、一九四七年から採用された中選挙区制度である。中選挙区制は日本の政党制をどのように変化させたのだろうか。

アメリカの政治学者であるＳ・リードは、先述したデュベルジェの法則を日本（単記非移譲式投票方式を採用している国）に当てはめて研究し、選挙区の定数よりも一党多い政党の数が有効政党数になるとする「M＋1ルール」を提唱した。中選挙区における定数はその多くが三～五議席となっており、それに一を足した数がその選挙区で生き残ることができる最大政党数となる。八〇年代までの主要政党を数えてみると五党（自民、社会、民社、公明、共産）となり、この理論が妥当であることが分かる。また、一九七〇年代には新自由クラブや社会民主連合といった新しい政党が誕生し、選挙区の定数が多い都市部を中心に議席を獲得していた。

自民党は一九八三年の衆議院選挙で過半数割れを起こし新自由クラブと連立政権を組むまでは、単独政権を形成していた。他の主要政党は政権を担当することなく、自民党は常に第一党の地位を維持していたのである。野党はなぜ政権に就くことができなかったのだろうか。社会党は党員組織を労働組合に依存し、さらに党内では左右両派のイデオロギー闘争が繰り返されていたことから広い支持を受けるに至らなかった。なにより社会党自身が政権奪取を目指していたとは言いがたい。同党が衆議院選挙で過半数の候補者を擁立したのは一九五八年ただ一度のみである。広い支持がないために候補者を絞ったのか、またはその逆なのかは両面からの説明が可能だろう。自民党優位の政治状況について猪口孝らは、独得な投票行動をとる「バッファー・プレイヤー」の存在から説明を試みた。つまりこの有権者たちは、自民党の政権担当能力を信頼する一方、国政に緊張感を持たせるため与野党伯仲状態となることを望み、かつ自民党を野党に転落させないよう戦略的に投票していたという。つまり、中選挙区制度においても政治家にある程度の緊張感を持たせることは可能であった。

選挙制度改革の「効果」

小選挙区比例代表並立制のもと、すでに八回の総選挙がおこなわれている（二〇二〇年五月現在）。選挙制度改革によって何が起きたのか、象徴的な総選挙を取り上げて見てみよう。

第四三回衆議院選挙

二〇〇三年一〇月一〇日、小泉純一郎首相は閣議において「改革の芽が出てきた。内閣改造を機に、さらに構造改革を進めたいので、国民の信を問う」として衆議院の解散を表明した（構造改革解散）。これを受けて実施された衆議院選挙では、国政選挙では初めてマニフェスト（政権公約）が掲げられた。自民党は党総裁選や内閣改造などで国民の注目を集め、対する民主党はマニフェストに政権交代を掲げて選挙に臨んだのである。自民・民主による政権交代選挙に国民の注目が集まった。

選挙の結果、自民党は目標としていた単独過半数に達せず、選挙前の二四七議席から一〇議席減の二三三議席に減らした一方、民主党は一三七議席から一七七議席に躍進し、かつ比例区では自民党を抜いて第一党となった。共産党や社民党などの中小政党は議席を半減させ自民・民主の二大政党に埋没した。また与党の保守新党も五減の四議席に終わった（保守新党は選挙後に自民党へ合流）。選挙の結果、自民・民主の二大政党で全議席の八六・二％を占め、小選挙区比例代表並立制が三度目の選挙で「定着してきた結果」であると見られた（『朝日新聞』二〇〇三年一一月一〇日）。

第四四回衆議院選挙

郵政民営化が持論の小泉首相は、参議院で同民営化法案が否決されたことを受けて衆議院を解散した（郵政解散）。選挙では衆議院の採決時に造反した三八名の現職議員を自民党の公認候補とせず、別の公認候補者（「刺客」と呼ばれた）を送り込むという手法をとった。

当選者が一人に限られる小選挙区制のもと、候補者への公認は政党の中央本部が握るため、造反議員は無所属あるいは新党を結成しての選挙戦を余儀なくされた。選挙における政策論争は郵政民営化に対する是非一色となり、野党第一党の民主党は有効な対抗策を打ち立てることができず埋没してしまった。結果、自民党は八四議席増の二九六議席を獲得し、公明党とあわせて衆議院の三分の二を確保するなど圧倒的な勝利を収めたのである。なお、比例の東京ブロック（定数一七）では、自民党の名簿登載者以上の当選人が出たため、他党に配分される事態となった。

小泉首相は公認権を盾に候補者の選別を行い、メディア映えする新人を造反組にぶつけるなど注目を集めることで「風」を起こし、自民党に勝利をもたらしたのである。

第四五回衆議院選挙

二〇〇五年の衆議院選挙で大勝した自民党では、小泉首相が郵政民営化を花道として退陣すると、安倍晋三政権（第一次）、福田康夫政権、麻生太郎政権と総選挙を経ない政権が三代続いた。二〇〇八年九月、麻生太郎政権は発足後に衆議院を解散し信を問うとしたが、世界的な金融恐慌（リーマン・ショック）が発生したことから、その対応に追われることとなる。前回選挙で選ばれた議員の任期は一〇月末でありそれまでに総選挙をおこなう必要があったものの、内閣支持率が下がり続けたことからタイミングを逸してしまう。

八月三〇日の選挙において、民主党は一九三議席増の三〇八議席を獲得し、政権交代を果たした。自民党は一八一議席減、公明党は一〇議席減となり、自公の減少分がそのまま民主党に流れた形となった。自民党は九三年に党の分裂を原因として下野しているが、野党時代も比較第一党を維持しており、第一党からの転落は結党後初めてのことであった。下野した後の自民党が自らのアイデンティティを見つめ直し、急速に右傾化した経緯については第四章で扱っている。

しかしながら、民主党が定着させた「マニフェスト」は、政権交代後に足かせとなってしまった。典型的には、前原誠司国交大臣による八ッ場ダムの建設中止である。地元住民の中には長年の反対運動ののちにダム建設を受け入れ、今後の生活再建を図っていた人たちがいた。前原大臣はこのような地元住民、自治体と十分な検討をおこなうことなく、マニフェスト通り建設の中止をカメラの前で宣言したのである。政権交代が実現した理由は、民主党の掲げるマニフェストが評価されたというよりも、自民党に対する拒否感の裏返しであった。もともと理念先行型で「文科系サークル」と揶揄されていた民主党は、マニフェストへの固執と政治主導、つまりトップダウン型の意志決定に拘泥したことで自縄自縛に陥ることになる。

第四六回衆議院選挙

前回衆議院選挙で当選した議員の任期が二〇一三年に終わることから、それまでに総選挙をおこなうことが必要とされた。民主党政権では鳩山由紀夫、菅直人、野田佳彦と三人の首相が就任しており、政権運営は混迷を極めていた。二〇一二年、野田首相は「社会保障と税の一体改革」をめぐる消費税増税について、「近いうちに信を問う」として自民・公明両党の協力を取り付けた。野田首相はその後突如として解散を表明し、総選挙がおこなわれることとなった。

選挙では、民主党が一七三議席減の五七議席となり惨敗した一方、自民党は民主党の減少分をほぼ積み上げ、公明党との合計で議席の三分の二を獲得したことで政権を奪取し、再び政権交代が起きた。公明党との連立政権である第二次安倍晋三政権が成立したのである。

選挙で圧勝した自民党であったが、政党への支持がそのまま票に結びつく比例代表の部分を見てみると異なる様相を呈している。つまり、自民党の得票率は減少し、増加も二議席にとどまり、ほぼ横ばいとなっていたのである。この結果はどのように捉えることができるだろうか。

近年における象徴的な衆議院選挙を取り上げてきた。ここで注目したいのは、自民党と民主党という二大政党の獲得議席数が三度の総選挙で激変していることである。このような議席数の極端な変化は、小選挙区制を採っているからこそ起きる現象である。小選挙区制は相対多数代表制に分類され、同一選挙区の中で最多の票を獲得した候補者のみが当選する。たとえば、ある選挙区に二名の候補者がいる場合、有効投票数の過半数を得票できれば当選し、さらに三人以上の候補者がいる場合は最多得票者が当選する。自民党は二〇一二年の衆議院選挙において、小選挙区で約四三％の得票を集めたが、獲得議席率は七九％に達した。小選挙区制は、こうした小さな得票率の差を大きな議席差にするものであり、二大政党が伯仲状態になることはむしろ稀なことである（加藤・二〇〇三、一七三頁）。選挙の結果、議席差はむしろ大きくなることが特徴であり、〇九年と一二年の衆議院選挙で自民党と民主党の議席差が逆転したのである。小選挙区制下では、それまで与党を支持していた有権者が野党に投票先を変更することで政権交代が実現する。また、無党派層の投票行動も無視できない（日野・二〇〇九、一〇六頁）。

第二次安倍政権と選挙協力

二〇一二年に第二次安倍政権が成立して以降、自民党は衆議院選挙において連勝している。一方、野党の側は大きな変化に見舞われた。「一強多弱」状態の出現である。このことを決定づけたのは、第四八回衆議院選挙における野党の分裂である。

二〇一七年九月、安倍首相は記者会見を開き「国難突破解散」と銘打って衆議院の解散を発表した。当時、野党第一党の民進党では、共産党を含む野党共闘路線に反発する党内の保守派が離反していたことや、東京都議会議員選挙で小池百合子都知事率いる「都民ファーストの会」ブームのあおりを受けて惨敗するなど、党勢立て直しが急務であった。さらに、民進党を離れた議員は、都民ファーストが国政進出を果たすために立ち上げた希望の党に参加していった。自民党にはこうした混乱が自党に有利に働くとの思惑もあっただろう。一方の民進党では、希望の党との対立を避けて連携の道を探っていた。前原代表は二八日の衆議院解散を受けて、民進党の候補者を擁立せず、希望の党へ合流することを両院議員総会に提案、全会一致で採択された。しかし小池代表は、憲法改正や安保関連法への賛否によって希望の党の候補者を選別する方針を明らかにした（「排除」発言）。そのため、枝野幸男を中心に、希望の党に合流しない・できない議員を糾合して立憲民主党が結党された。選挙では共産・社民両党が選挙協力をおこない、また共産党は立憲民主党が立候補した選挙区で候補者を取り下げるなど「後方支援」をおこなった。総選挙の構図は、自民・公明の与党連合、希望の党と維新の会の中道右派連合、立憲民主と共産社民の（中道）左派連合の三つ巴となったことで与党を利する形となり、自公両党は三分の二を維持したのである。希望・立憲は明暗が分かれた。「排除」発言によって希望の党への期待は失望に転じ、現有議席を割る五〇議席にとどまる一方、立憲は四〇増の五五議席となったことで勢力が逆転する結果となった。

選挙制度改革から〇九年の政権交代まで、日本政治は名実ともに二大政党制への道を進んでいた。自民と民主が衆議院に占める議席率を確認してみると、二〇〇三年七三％、二〇〇五年八五％、二〇〇九年八九％となっている。なお、小選挙区に限ってみれば、〇九年では実に九四％が自民か民主の議員である。しかしながら、民主党政権の失敗と崩壊、そして二〇一二年以降の日本維新の会（一四年より維新の党）など第三極の躍進によって、現在のところ二大政党制からは退いたと言える。また、野党の「多弱化」といえる状態も特徴であろう。上述のように野党第一党であった民主党（民進党）は、立憲民主党と国民民主党に分裂した。一九年九月には「社会保障を立て直す国民会議」などを加え院内会派を立ち上げたものの、参議院では統一会派の解消論がくすぶるなど、巨大与党に対抗できるだけの態勢を確立しているとは言いがたい。また、立憲と国民は結党から数年間が経過していることで明確な政策的差異が生まれてきていることも無視できない。共産党は安保法制の成立を受け、「戦争法（安保法制）廃止の国民連合政府」構想を打ち上げたものの、他党との政治的立ち位置が大きく異なるため連立政権の樹立は困難であろう。「一強多弱」の状態は、野党の「多」弱状態を解決しないかぎり盤石であるように思われる。

このような状態にあるなかで、いま一度、選挙制度に立ち返ってみたい。小選挙区制は最多得票者の一名のみが当選し、二大政党制に誘導する選挙制度である。政治学者の杉田敦は、二党化を招く選挙制度でありながら多党化する政治状況と民意の関係を次のように分析している。

「これだけ二党化に誘導している選挙制度であっても第三極が出てきて、むしろ現在は多党化しつつある。そのような状況があるなか、国民の投票行動のほうを操作して強引に二党にしていくべきか、多党化の現実をむしろ前提に出発すべきだということを、メディアも含めてもう少し議論したほうがよいのか」、「二大ブロックみたいなかたちに収斂していくかもしれないので、もう少しやってみるべきということですね」(1)

この二大ブロックの構築は、多党化する日本政治において考慮されるべきではないだろうか。細川政権で政治改革に取り組んだ佐々木毅は「小選挙区制が諸悪の根源という意見が根強い」という問いに対し、「いまの制度を使いこなすことも考えて欲しい」、「制度は使い方次第」と述べ、現在の選挙制度を前提に問題を解決すべきであると強調している（『朝日新聞』二〇一二年六月二六日）。それでは、政党の側はどのような対応をしているのだろうか。広く知られているように、与党である自公両党は国政選挙において密接な選挙協力をおこなっている。選挙区で公明党が自民党を支え、その代わりとして自民党が比例区で公明党を支援する「バーター」を軸にした協力である（『朝日新聞』二〇一九年一二月二一日）。また、公明党が候補者を擁立した小選挙区には、自民党が基本的に候補者を立てないことで与党内での「同士討ち」を防いでいる。

一方の野党間（維新の党を除く）での選挙協力を見てみよう。全選挙区に候補者を立てる方針を堅持していた共産党が軟化したことによって、民主党と社民、共産による野党共闘路線が現実的な課題となったのである。その一つの到達点が、二〇一四年一二月の第四七回衆議院選挙における沖縄県の事例である。この選挙では与党が三分の二を獲得して勝利を収め、また共産党は全選挙区への候補者擁立を目指した。しかし沖縄では野党が候補者を一本化させることに成功した。つまり県内の四選挙区で野党が候補者調整をおこない、与野党が一対一で戦う構図となり、野党が全勝したのである。各選挙区における当選者の党派と落選した自民党候補者の惜敗率（落選した候補者の得票数の、当選者の得票数に対する割合）は次の通りである。

第一区　共産党、惜敗率約九〇％

第二区　社民党、惜敗率約七〇％
第三区　自由党、惜敗率約七〇％
第四区　無所属（野党系）、惜敗率約九二％

野党各党は選挙区ごとに棲み分けをおこない選挙を戦ったことで、全議席を独占した。対する自民党候補の惜敗率が七〇〜九〇％だったことをみると、野党は選挙協力をおこなわなければ全敗していたと考えられる。沖縄県には「オール沖縄」という独自の野党共闘の枠組みがあることも事実であるが、現在の政党配置、すなわち多党化を前提にして考える時に、沖縄の方式は考慮されるべきである。

野党共闘を形成して与党連合と戦うという考え方は、全国レベルでも実現している。参議院選挙では、選挙区選挙において一人区、つまり都道府県単位（「徳島・高知」と「島根・鳥取」は合区）の小選挙区が三二あり、ここでの勝敗は選挙の大勢に影響を与える。野党が二〇一六年の参議院選挙を契機として共闘をおこなった結果は、二〇一六年は与党二一対野党一一、二〇一九年では与党二二対野党一〇となった。全国レベルでの選挙協力は緒に就いたばかりであり、その「効果」が出ているとは限らないのが現状である。

民意の切り捨てと小選挙区制

本章では、小選挙区比例代表並立制を中心に、歴史的経緯、特徴、理論、展望などを概観してきた。

中選挙区制のもと万年与党の自民党は腐敗していった。政治に緊張感をもたらすため、政権交代可能な選挙制度を導入するための改革が行われ、以来二五年を経てようやく小選挙区制が定着してきたかのように見える。しかし、政権交代可能な野党は、民主党政権の崩壊以降、展望が見えない状態である。

現行の選挙制度における野党の多弱化は、自民党に代わる政権政党が育っていないことを意味している。過剰代表性を有する小選挙区制度において、強大な与党にバラバラの野党が対抗できる道はないだろう。これに対して、選挙制度を変えようという声は大きい。しかしながら、まずは現行の制度を「使いこなす」ことが必要であろう。自公両党を見てみれば、制度を使いこなして協力態勢をほぼ完成させている。ただし、二〇二〇年の新型コロナ感染症（COVID-19）に対する経済支援の一環である特別定額給付金支給をめぐって公明党が連立離脱をほのめかし、検察庁幹部の定年延長問題（廃案）をめぐって政権と与党の関係が悪化するなど、連立与党の動向には注視すべきである。

最後に、小選挙区制のもつ「死票」の問題は指摘しておかなければならない。一七年の衆議院選挙は投票率が五四％となり、戦後二番目の低さとなった。自民党は小選挙区において四八％の得票率で七五％の議席を得たことで、小選挙区制度のもつ増幅効果を享受した。一方で、落選した候補者の得票総数は全体の四八％に達し、投票された有権者の意思のうち約半分は死票になったのである。つまり、小選挙区制を採るかぎりにおいて民意の切り捨ては避けて通ることのできない問題となる。民意を忠実に議会に反映させるのであれば、比例代表制に近づけることが望ましい。一方で安定した政権運営を期待するならば、小選挙区制に代表される多数代表制が望ましい（他にも大選挙区完全連記制が想定されるが日本では採用されたことはない）。選挙制度は民意を議席に変換するメカニズムである。単なる技術的な問題だけではなく、思想的、理論的な背景からの議論も必要であろう。

1　長谷部恭男、杉田敦ほか「選挙制度と政党システムの未来（座談会）」『論究ジュリスト』二〇一三年春号、三九頁。

引用・参考文献

内山融・二〇〇七『小泉政権――「パトスの首相」は何を変えたのか』中公新書。

加藤秀治郎・二〇〇三『日本の選挙――何を変えれば政治が変わるのか』中公新書。

佐道明広・二〇一二『現代日本政治史5――「改革」政治の混迷　一九八九～』吉川弘文館。

塩田潮・二〇〇九『新版　民主党の研究』平凡社新書。

中北浩爾・二〇一七『自民党――「一強」の実像』中公新書。

橋下徹・二〇一八『政権奪取論――強い野党の作り方』朝日新書。

日野愛郎・二〇〇九「政権交代は一日にしてならず：有権者意識にみる二〇〇九年総選挙」田中愛治ほか著『二〇〇九年、なぜ政権交代だったのか――読売・早稲田の共同調査で読みとく日本政治の転換』勁草書房。

細川護熙・二〇一〇『内訴録――細川護熙総理大臣日記』日本経済新聞出版社。

待鳥聡史・二〇一五『代議制民主主義――「民意」と「政治家」を問い直す』中公新書。

薬師寺克行・二〇一六『公明党――創価学会と五〇年の歴史』中公新書。

山口二郎・二〇一二『政権交代とは何だったのか』岩波新書。

山口二郎、石川真澄・二〇〇三『日本社会党――日本革新の思想と行動』日本経済評論社。

please have a brake 2

首相のヤジ――ことばの不誠実さ

国会中継は、ほとんどすべてがＮＨＫで放送される。それだけでなく、国費を投じて議事録も作製され、議事録から削除されないかぎりすべて国立国会図書館で永久保存されている。録音機器や録画の手段が多様化した現在でも、各議院で速記担当職員が国費で雇われている（二〇二〇年四月末現在、衆議院にはおよそ一〇〇人の速記担当職員（速記者）、五月初旬現在、参議院にはおよそ八〇名の記録部職員がいる）。

憲法第四一条にあるように、「国会は、国権の最高機関であって、国の唯一の立法機関である」から、記録のみならず、その運営に多くの予算が使われることにはまったく異論はない。問題は、そこで議論されている内容に関してである。

たとえば、二〇一九年一一月六日の衆議院予算委員会において、立憲民主党などの会派に所属する今井雅人氏の質問中に、閣僚席にいた安倍晋三首相が「あなたが（この文書を）作ったんじゃないの」とヤジを飛ばした。ここで問題となっていたのは加計学園問題で、文部科学省が公表した文書に萩生田光一文部科学大臣が出てくるので、今井氏が萩生田氏に経緯を質問している最中に発せられた。審議は、一時中断され、安倍首相は、「座席からことばを発したことは申し訳なかった」と謝罪はしたものの、発言自体を取り消すことはなかった。

さらに、この二日後には、質問を続ける立憲民主党の杉尾秀哉議員に「共産党か！」（参議院予算委員会）、年が明け、「鯛は頭から腐る」と批判した後も質問を続ける立憲民主党の辻本清美議員に「意味のない質問だよ」（二〇二〇年二月一二日、衆議院予算委員会）など、朝日新聞や日本共産党に対する偏見からのヤジが多い。

この二つだけでなく、以前にも、安倍首相は、野党議員が質問している最中にヤジを発し、国会の品位を貶めている。「日教組は（献金を）やっているよ」（二〇一五年二月一九日、衆議院予算委員会。砂糖業界からの農林水産大臣への献金問題を追及されての発言。後日、事実誤認として謝罪）と日教組に対しても日頃の嫌悪感がつい出てしまった例がある。さらに、「早く質問しろよ」（同年五月二八日、衆議院特別委員会において、辻本議員に）、「まあいいじゃん。そういうことは」（同年八月二一日、参議員特別委員会において。閣僚答弁の誤りを指摘された際のヤジ）、「反論させろよ、いいかげんなことばかり言うんじゃないよ」（二〇一七年六月五日、衆議院決算行政監視委員会において。加計学園問題をめぐる質問に対するヤジ）など、「国権の最高機関」における発言とは思えないものは少なくない。

どれも質問者の質問中に閣僚席から発したものばかりである。自分が攻撃されると自信なさげに瞬きを繰り返し、苦手な議員（とりわけ女性議員）には品性のないヤジを繰り返す。また、ヤジではないが桜を見る会問題への厳しい追及に対し「人間としてどうなのか」（二〇二〇年二月四日、衆議院予算委員会、立憲民主党の黒岩宇洋議員の質問に対して）と反論したこともあった。これだけ品格のない首相は、歴史上例がないだろう。

歴史をさかのぼれば、一九五三年二月二八日の衆議院予算員会における吉田茂首相の品性のない発言が思い起こされる。右派社会党の西村栄一議員との質疑応答中に、吉田のひとり言をマイクが拾ったものである。

それまでのやりとりで吉田がやや興奮していたことから、

西村「総理大臣は興奮しない方がよろしい。…」
吉田（「無礼なことを言うな」）
西村「何が無礼だ」
吉田（「無礼じゃないか」）
西村「質問しているのに何が無礼だ。…答弁できないのか、君は…」
吉田（「ばかやろう…」）
西村「何がバカヤローだ」

と続く（「…」は略を示し、（ ）括弧内発言は不規則発言）。

吉田は発言を取り消したが、これが国会軽視の表れとされ、衆議院解散となった。

その六〇有余年後、再び首相の品格が問われている。断続的とはいえ、吉田も長期政権であった。内閣は長く続けば良いというものではない。

参考文献

毎日新聞、ウェブサイト、二〇一九年一一月七日「やまぬ安倍首相のヤジ」。
中野晃一編・二〇一六『徹底検証 安倍政治』岩波書店。

第七章　文書管理の現場――官僚制と文書廃棄

官僚制について、高等学校では「現代社会」の教科書で次のような説明に出会う（『最新現代社会』実教出版二〇一九年発行）。

「（わたしたちが生きている大衆社会の傾向の――引用者補）第二は、行政機構や企業などの組織が巨大となり、人々は自分の考えや意見を組織に反映させることがむずかしくなっていることである。上層部の少数の人間が、組織全体の政策を決定し、多くの人々はその決定に従って行動し、管理される（官僚制）。組織の巨大化と官僚制のもと、人々は無力感や疎外感をいだき、主体性を失っていく。」

この「官僚制」について、傍注で次の説明がなされている。

「ドイツの社会学者マックス＝ウェーバー（一八六四〜一九二〇）は、合理的に管理され、効率的に運営される組織のシステムを『官僚制』とよんだ。官僚制的な組織では、各部署の職務と権限が明確に限定された巨大なピラミッド型の上下関係で構成され、人々は細分化された仕事を機械的に処理する機械の歯車のような存在にされていく。生産現場での高度な分業化とオートメーション化だけでなく、事務的な職場もそのように機械化していく。」

ここでは、官僚制の特徴が二つ羅列されているだけで、文書・文書主義については一言もない。この官僚制について、大学の行政学の教科書では網羅的に論じられ、西尾勝『行政学 新版』では、その構成要件を一二項目挙げている（西尾・二〇一二、一六六〜一六七頁）。また、曽我謙悟はそれを組織編成と人事管理に二分して、前者の四項目を次のように述べている（曽我・二〇一三、一二二頁）。

① 規則にもとづく組織化。規則により職位を設定し、職位の権限や職務の運営も規則により定める。

② 組織編制の原理としてのヒエラルキー。職位は階層的に構成され、命令と監督の体系として組織が編制される。

③ 組織と個人の分離。職務遂行に必要な設備などは、構成員の私物と分離される。

④ 文書による処理の原則。規則や決定については、文書による記録と保管が行われる。

ここに官僚制の重要な柱である文書主義が登場する。この文書主義の重要性について政治学者の野口雅弘は次のように述べている（野口・二〇一八、三九頁）。

「『文書』をきちんと書き、管理し、残すことによって、権力者の恣意的な介入を制限することができる。パーソナルな要因を排除して、『客観性』を確保するという点に、ウェーバーは近代官僚制の意味を見た。『文書主義』はその本質的な部分なのである。」

ちなみに、ウェーバーは「官僚制組織の技術的優秀性」として、「精確性・迅速性・明確性・文書に対する精通・継続性・慎重性・統一性・厳格な服従関係・摩擦の防止・物的および人的費用の節約は、一切の合議制的または名誉職的および兼職的形態に比べて、訓練された個別官僚による厳格に官僚制的な・とりわけ単一支配的な行政の場合の方が、最も理想的に高められる」（ウェーバー・一九六九、九一頁、野口・二〇一八では「明確性」が漏れている。二七頁）と述べている。

これから論ずる、情報公開法（正式名称は行政機関の保有する情報の公開に関する法律）、公文書管理法（正式名称は公文書等の管理に関する法律）には「文書主義」という語彙は出てこないが、内閣府の「行政文書の管理に関するガイドライン」には、「文書主義の原則」という項目があり、「留意事項」として、「行政機関の意思決定及び事務事業の実績に関する文書主義については、行政機関の諸活動における正確性の確保、責任に明確化等の観点から重要であり、行政の適正かつ効率的な運営にとって必要である」「行政機関の意思決定に当たっては文書を作成して行うことが原則であるが、当該意思決定と同時に文書を作成することが困難であるときは、事後に文書を作成することが必要である」と記している。口頭での意思決定はあり得ないのである（東京高検の検事長定年延長は口頭決裁だったと説明されている。『朝日新聞』二〇二〇年二月二二日朝刊）。また、ここで表明された「情報公開」・「公文書管理」が「行政機関」「行政文書」に限定されていることに注目しなければならないであろう。

「公文書管理法は三権のうち、『行政』文書だけを対象にしていて、『立法』『司法』の文書を直接には対象としていない（中略）ただ司法文書は、行政を代表する内閣総理大臣と司法を代表する最高裁判所長官の間で協議が行われ、歴史的に重要な司法文書を公文書館に移管する取り決めができている。（中略）しかし、国会（立法）との間では協議も行われていないし、文書の移管もされていない。（中略）特に問題なのが、国会にかかわる立法文書である。その多くが公開の対象外なのであ

る。」（松岡・二〇一八、八六頁）

という指摘がある。「立法」の公文書については、瀬畑源も論じている（瀬畑・二〇一八、第一五章）。なお、司法文書に関して、「廃棄される訴訟記録」という記事が掲載された（『朝日新聞』二〇二〇年五月一八日朝刊）。

「戦後の最高裁大法廷で憲法違反の判断が下された二一件の訴訟のうち、裁判所や検察庁によって記録が保存されているのはわずか四件。残り一七件は廃棄済み。最高裁と法務省が調べたところ、そんな事実が判明した。（中略）訴訟記録は行政文書と同じように『健全な民主主義の根幹を支える国民共有の知的資源』（公文書管理法第一条）である。それを保存し、守っていくのは私たち自身の責任でもある。」

本章は、日本の官僚制において行政の文書管理（以下、「行政の」という限定句は省略して付さない）がどのように登場し、それが第二次安倍政権以降どのような状況にあるのか、具体的には、文書の不作成・廃棄・改竄の問題を取り上げる。

文書・文書管理

文字に表現することで記録となり文書となる。文書が現存するということは、文字に表す人がいて、それが保存されて現在に至るということである。識字者でなければ記録を残せない。また、意識的に保存する努力がなければ途中で紛失され廃棄される。「敗者」の記録は、物理的に残せないこともあるし、「勝者」により廃棄されることも、廃棄させられることもある。現存する記録・文書がなぜ残ったのかを考察することは、歴史研究における史料批判として必須の項目である。さらには、文書が残ることに不都合を感じて「敗者」が積極的に廃棄することもある。アジア・太平洋戦争で敗戦時に軍部を筆頭に日本政府が文書を大量に焼却したのはこの例である。

明治政府の下での文書管理については、「国立公文書館ニュース Vol.13」（二〇一八年三月五日）が「明治時代と公文書管理制度」の見出しで、次のように記している。

「日本の公文書管理の変遷を辿ると、明治一八年（一八八五）の内閣制度創設が大きな変革のきっかけとなったことが分かります。行政組織が拡大したことにより、行政事務の合理性や効率化が求められ、文書管理も変革を迎えたのです。／内閣や各省には記録局（課）が設置されました。内閣に設置された内閣記録局で編纂保存された政府の公文書は、現在も当館に多く所蔵されています。また、各省の記録組織設置を定めた各省官制（勅令二号、明治一九年（一八八六）二月二七日公布）は、各省の統一的な文書管理に関わる法規であり、処分済みの文書の扱いや公文の取り扱いなど、重要な内容を含むものでした。（以下略）」（／は原文改行、以下同じ）

勅令二号は、「大蔵省官制」として「記録局ニ編輯課及照査課ヲ置キ其事務ヲ分掌セシム」（第五八条）（中野目・二〇〇九、七一三頁）と規定している。この後、各省に置かれた総務局と大臣官房とで行き来しつつ文書管理を所管することになるが、「文書管理は、各省庁の官制のもと、国民の目が届かない、行政組織の奥深くに閉じ込められてしまうのである」（渡邉・二〇一五、一四八頁）。こうした各省ごとの文書管理のあり方が二一世紀の初めまで続くことになる。

公文書管理とは、先に触れた、文書の保存・存置の恣意性（廃棄の恣意性）を回避するとともに、文書にもとづかない恣意性を排除するという二つの役割を果たすべきものなのである。文書主義は、野口のいうように、この後者の側面を強調したものといえる。

公文書管理の杜撰さが大きな問題となったのは、薬剤エイズ事件で厚生省の内部文書が倉庫に保存されていたことが明るみになった一九九六年一月であった。当時厚生大臣であった菅直人が徹底した調査を指示した結果、無いとされていた文書が発見されたのである。以前にも増して、行政の情報公開と公文書管理がクローズアップされるようになった。一九九〇年代の政治・行政改革と時期を同じくするのは偶然ではなかろう。国際政治では冷戦が終結し、国内政治では五五年体制が終焉し政権交代が生じたことで、社会に、人々に、新しいうねりが沸き上がってきたのではなかろうか。こうしたなかで、一九九三年の細川護熙連立内閣では、情報公開法の制定が政府の方針となっていた。

情報公開法・公文書管理法

日本国憲法の国民主権の下、行政が何をどのように決定したかを公開するという情報公開法が一九九九年五月に公布され、二〇〇一年四月に施行された。その第一条は、「この法律は、国民主権の理念にのっとり、行政文書の開示を請求する権利につき定めること等により、行政機関の保有する情報の一層の公開を図り、もって政府の有するその諸活動を国民に説明する責務が全うされるようにするとともに、国民の的確な理解と批判の下にある公正で民主的な行政の推進に資することを目的とする」とある。「説明する責務」といって「国民の知る権利」という言葉を使わなかったのが特徴である。「知る権利」に答えていないという追及に対して「説明する」「責任」は果たしたと言い逃れる道、つまり、判断主体はあくまでも行政側であったのである。また、第二条第二項では、「この法律において「行政文書」とは、行政機関の職員が職務上作成し、又は取得した文書、図画及び電磁的記録（略）であって、当該行政機関の職員が組織的に用いるものとして、当該行政機関が保有しているものをいう。（以下略）」とする。ここの「職員が組織的に用いるもの」は「組織共用文書」と称され、のちの公文書管理法（第二条4）に引き継がれる。

「知る権利」について、憲法学者の芦部信喜は、この法律が制定される以前に次のように論じている（芦部・一九九三、一四一頁）。

「知る権利は、『国家からの自由』という伝統的な自由権であるが、それにとどまらず、参政権（国家への自由）的な役割を演ずる。個人はさまざまな事実や意見を知ることによって、はじめて政治に有効に参加することができるからである。／さらに、知る権利は、積極的に政府情報等の公開を要求することのできる権利であり、その意味で、国家の施策を求める国務請求権ないし社会権（国家による自由）としての性格をも有する点に、最も大きな特徴がある。ただし、それが具体的請求権となるためには、情報公開法等の制定が必要である。」

情報公開法は、国民の知る権利の観点からではなく、政府の説明責任の観点から規定されたのである。

一九九九年に情報公開法が制定されるが、「車の両輪」（新藤・二〇一九、一〇〇頁）とされる公文書管理法は二〇〇九年七月公布され、二〇一一年四月に施行された。この間に公文書の管理をめぐって、「二〇〇七年には消えた年金記録問題、海上自衛隊補給艦『とわだ』の航海日誌の保存期間満了前の廃棄問題、防衛省の装備審査会議の議事録不作成問題、さらに、C型肝炎関連資料の放置問題等、文書管理の不適切さを示す事件が社会の耳目を集めました」（宇賀・二〇一二、二頁）と杜撰な公文書管理が問題視されていた。

こうした背景から成立した公文書管理法は、新藤によれば、二つの柱からなる。第一は「公文書管理に政府レベルの管理・保存基準を定めたこと」、明治以来、日本国憲法下でもおこなわれていた各省ごとの文書管理のあり方が一元化されたのである。第二は、「歴史公文書の国立公文書館への移送について定め、情報公開法において『除外』されていた歴史公文書も国立公文書館において公開対象とした」（新藤・二〇一九、一〇一～一〇二頁）点である。その第一条には目的として、二四〇字にも及ぶ次の長い一文を掲げている。

「この法律は、国及び独立法人等の諸活動や歴史的事実の記録である公文書等が、健全な民主主義の根幹を支える国民共有の知的資源として、主権者である国民が主体的に利用し得るものであることにかんがみ、国民主権の理念にのっとり、公文書等の管理に関する基本的事項を定めること等により、行政文書等の適正な管理、歴史公文書等の適切な保存及び利用等を図り、もって行政が適正かつ効率的に運営されるようにするとともに、国及び独立法人等の有するその諸活動を現在及び将来の国民に説明する責務が全うされるようにすることを目的とする。」

多岐な内容を盛り込んだ一文であるが、その特徴としては、まず、先の情報公開法の文言、「国民主権の理念にのっとり」、「政府の有するその諸活動を国民に説明する責務が全うされるようにする」を踏襲していること、また、前者における「国民」を「現在及び将来の国民」へと拡充していること、そして、ここでも「知る権利」が登場しないことが挙げられる。

この二つの法律が「車の両輪」(新藤)と呼ばれるのがうなずけよう。さらに、「公文書等が、健全な民主主義の根幹を支える国民共有の知的資源として、主権者である国民が主体的に利用し得るものである」として、公文書を主権者が主体的に活用する知的資源であり、これが健全な民主主義の根幹である、と「将来の国民」へ宣言しているところに特徴がある。問題はこの宣言がどこまで実現されているか、現状がどうなっているかである。

文書の不作成・保存期間一年未満・廃棄

この法律の問題点を二点挙げると、まず、第四条の「処理に係る事案が軽微なものである場合を除き、次に挙げる事項その他の事項について、文書を作成しなければならない」とする文書不作成の例外規定である。この「処理に係る事案が軽微なものである場合」の判断主体は行政であり、内閣府の「行政文書の管理に関するガイドライン」(二〇一七年一二月等に改正されている)には、「事後に確認が必要とされるものではなく、文書を作成しなくとも職務上支障が生じず、かつ当該事案が歴史的価値を有さないような場合」という限定がついているのだが、それにしても、行政により恣意的に解釈される恐れがあるのではなかろうか。また、「軽微なもの」に該当せず、「当該行政機関における経緯も含めた意思決定に至る過程」（第四条）を文書作成しなければならないにも関わらず作成されなかった事例が三例ある。

一例目は、二〇一一年三月一一日の東日本大震災（地震・津波・福島第一原子力発電所の過酷事故）後の復旧・復興に関する原子力災害対策本部等の重要会議の議事録や議事要旨が作成されなかった問題である。この問題を機に大震災のような「歴史的緊急事態」には議事録作成の義務があると「ガイドライン」で定めている。そして、二〇二〇年の新型コロナウイルスの感染拡大をこれに指定することになった（『朝日新聞』二〇二〇年三月一〇日朝刊）。ただ、安倍首相は「詳細な議事録作成に消極的だ」（『朝日新聞』二〇二〇年三月三一日朝刊）と評されている。

二例目は、二〇一四年七月の集団的自衛権行使容認の閣議決定に絡んで、内閣法制局での法解釈変更議論について、横畠祐介内閣法制局長官が「もちろん議論、検討をしたわけでございます。ただ、それを議事録というような形で残すという性質のものではないと考えております」（二〇一六年一月二一日、参議院決算委員会、「国会会議録検索システム」による）と発言しているのである。「意思決定に至る過程」について全く文書を残していないのである。これは明白に第四条違反である（瀬畑・二〇一八、二五頁）。

三例目は、先に触れた東京高検の検事長定年延長に関してで、「法務省刑事局は毎日新聞の取材に対し『開示請求時点〔二〇二〇年二月一七日〕で省内での議論を記録した議事録は存在せず、元々作成されていたかどうかは把握できない。決裁は口頭で行っており決裁文書もない』などと説明した」(『毎日新聞』二〇二〇年五月一二日、会員限定有料記事)事例である。

問題点の二点目は、文書の保存期間が一年未満という規定に関連する事柄である。公文書管理法では、保存期間一年以上の文書は「行政文書ファイル管理簿」に記載して保存管理する規定がある(第六、七条)が、一年未満の文書については記載の必要がなかったのである。「ガイドライン」では、「保存期間表において、保存期間を一年未満と設定することが適当なものとして、業務単位で具体的に定められた文書」等の七類型を挙げて「保存期間を一年未満とすることができる」としている。それを決めるのは、やはり、行政であり、行政の裁量で一年未満とすることができるのである。ここに恣意が入り込まないとは言い切れないであろう。「保存期間を一年未満に設定しておけば、廃棄しても何の痕跡も残らない。表に出ると都合の悪い文書を『保存期間一年未満』にしておけば、安心して廃棄できた」(松岡二〇一八、二二頁)のである。各省は第一〇条にもとづき「行政文書管理規則」を設け、「ガイドライン」に沿った規則を制定するのだが、その制定・変更には内閣府との協議・同意を得なければならないとある。

二〇一七年一二月に改正された「ガイドライン」では、一年未満の行政文書を廃棄する場合、何を廃棄したかを記録し、保存期間終了後速やかに一括して公表するとしている。この規定も各省の「規則」が取り入れるところとなっている。また改正では、文書作成に当たり、「文書の正確性を確保するため、その内容について原則として複数の職員による確認を経た上で、文書管理者が確認するものとする」。また、「可能な限り、当該打合せ等の相手方（略）の発言部分等についても、相手方による確認等により、正確性を期する」とするが、前者は、課長級の役職者（瀬畑・二〇一八、二〇六頁）である「文書管理者が確認」していないものは、「個人文書」「私的メモ」として公開の対象から外されるということになる。加計学園問題で文部科学省から流出した「官邸の最高レベルが言っている」「総理のご意向だと聞いている」という文書（『朝日新聞』二〇一七年五月一七日朝刊）は「行政文書」ではなく文字通り「怪文書」（当初、菅義偉官房長官は「怪文書みたいなものなのではないか」と発言していた）となる。後者は相手方との「機微に触れる」「微妙な」発言等は記録されないことになり、「差し障りのない情報しか記載されない文書」（瀬畑・二〇一八、二〇九頁）にならざるを得まい。「打合せ」の実際の有り様を記録するという文書の存在意義を減殺させ、あるいは、意義を積極的に阻害するためのものと考えざるを得ない。

「一年未満」で廃棄された問題事例として、①森友学園への国有地売却問題、②南スーダンPKOへの派遣問題、③桜を見る会問題が挙げられよう。森友学園問題は、二〇一七年二月二四日衆議院予算委員会で財務省の佐川宣寿理財局長が、売買契約をめぐる近畿財務局と森友学園との交渉等の記録は、契約締結で事案が終了したので文書は廃棄されたと述べている問題である（瀬畑・二〇一八、一二八～一二九頁）。財務省は行政文書管理規則の下に「細則」を設け、「一年以上の保存期間の文書に当たらなければ、一年未満で捨ててよいとしていた」（朝日新聞加計学園問題取材班・二〇一八、一二〇頁）のである。

交渉記録が残されないことにより、政策決定過程が不明となり、会計検査院から「会計処理の妥当性について検証を十分に行えない」と指摘されることになり（同右、一一九頁）、事案の全体像が描けなくなってしまったのである。

次の南スーダンPKO派遣問題は、現地派遣部隊の日報が「廃棄」され、後に「発見」されたことが、二〇一七年二月に問題となったものである。防衛省は日報を公文書管理法第四条の「処理に係る事案が軽微なものである場合」に該当するとして廃棄したのである。現地部隊の情報を記録した日報が「軽微なもの」とは到底思えず、むしろ重視されて当然だと思われるのだが、現場の生々しい状況（「戦闘」という表現があった）を公にしたくなかった情報隠しといえよう。日報が「行政文書」ではなく、「個人資料」扱いされたのだが、何を「行政文書」とするかが、一つの大きな問題なのである。

最後の桜を見る会の問題は、二〇一九年一一月八日の参議院予算委員会で、桜を見る会の招待者が年々増え、費用も予算の三倍になり、招待者が開催要項の「その他各界の代表者等」を逸脱して安倍後援会員が多数含まれていると質問があり、政治問題化したものである。問題は多岐にわたるが、ここでは文書に関することを取り上げる。二〇一九年四月一三日に開かれた桜を見る会の招待者名簿は、菅義偉官房長官によれば、「保存期間一年未満の文書として、遅滞なく廃棄」（毎日・二〇二〇、一五三頁）するものということであるが、衆議院議員が資料請求をした同じ日である五月九日に廃棄されているのである。これを行政が「偶然の一致」としているのも説得力に乏しいが、招待者名簿を一年未満の文書として廃棄していることを問題として取り上げよう。

「情報公開クリアリングハウス」は、「『桜を見る会』の招待者名簿は、内閣府規則六条六項七号に基づき一年未満保存期間として用済み後廃棄とされていますが、同号に基づく一年未満保存期間として位置づけられたのは、二〇一九年一〇月二八日から。同号に基づかず一年未満保存期間で廃棄していたとするとそのことが公表されているべきですがそれも行っていないということになります。したがって、桜を見る会の招待者名簿を一年未満の保存期間とすることや廃棄したことの根拠が不明確であると言わざるを得ません。」とホームページ（二〇一九年一一月一五日News）で述べており、内閣官房大臣官房人事課に質問しているが回答がないという。なお、二〇一三年から、つまり、第二次安倍政権発足から二〇一七年度の桜を見る会の招待者名簿に関して、「①管理簿への未記載 ②名簿を廃棄した日などを書き入れる廃棄簿への未記載 ③廃棄前に必要な首相の同意手続きがなかったこと、の三点」を菅官房長官が会見で認めている（『朝日新聞』二〇二〇年一月一一日朝刊）。

公文書管理法では、第二条4で「行政文書」を「（1）行政機関の職員が職務上作成し、又は取得した文書、図画及び電磁的記録（略）であって、（2）当該行政機関の職員が組織的に用いるものとして、（3）当該当該行政機関の職員が保有しているものをいう。（以下略）」（番号は引用者が付した）としている。この規定は、情報公開法の第二条2をそのまま踏襲したものである。（2）について、たとえば、防衛省行政文書管理細則では、第1の1の(3)で次のように説明している。

「『組織的に用いる』とは、作成又は取得に関与した職員個人の段階のものではなく、組織としての共用文書の実質を備えた状態、すなわち、防衛省において、業務上必要なものとして、利用又は保存されている状態のものを意味する。したがって、職員が単独で作成し、又は取得した文書であって、専ら自己の職務の遂行の便宜のためにのみ利用し、組織としての利用を予定していないもの（自己研鑽のための研究資料、備忘録等）、職員が自己の職務の〔遂行の〕便宜のために利用する正式文書と重複する当該文書の写し、職員の個人的な検討段階に留まるもの（決裁文書の起案前の職員の検討段階の文書等。なお、担当職員が原案の検討過程で作成する文書であっても、組織において業務上必要なものとして保存されているものは除く。）等は、組織的に用いるものには該当しない。」（厚生労働省の「行政文書に関する判断基準（法第二条第二項関係）（別添一）」には「遂行の」の一句がある）

日報はこの「共用文書」に該当しない「個人資料」だというのである。しかし、(1)職員が作成し、(2)上官に報告され、(3)「データが陸自指揮システムにアップロードされて消されていな〔い――引用者補〕」（瀬畑・二〇一八、一〇六頁）ので、「行政文書」であり、情報公開の対象である。

また、二〇一九年の桜を見る会において、招待者名簿の文書を廃棄してもバックアップデータがあるのでは、という問いかけに対して菅官房長官は、「『バックアップファイル』は一般職員が業務に使用できるものではないことから、『組織共用性』に欠けており、行政文書に該当しない」と説明した（『朝日新聞』二〇一九年一二月五日朝刊）という。これでは何のための「バックアップファイル」なのかと、首を傾げざるを得ない。

文書の改竄

文書を作成するということは、「『客観性』を確保する」（野口）ためのものであるはずであるが、文書を改竄する事例が生じている。二〇一八年三月二日、『朝日新聞』に「森友文書　書き換えの疑い」の見出しを掲げた記事が掲載された。

「学校法人・森友学園（大阪市）との国有地取引の際に財務省が作成した決裁文書について、契約当時の文書の内容と、昨年二月の問題発覚後に国会議員らに開示した文書の内容に違いがあることがわかった。学園側との交渉についての記載や、『特例』などの文言が複数箇所でなくなったり、変わったりしている。複数の関係者によると、問題発覚後に書き換えられた疑いがあるという。」

三月一二日に財務省は、「一四件の決裁文書の書き換えが行われていた」ことを麻生太郎財務相が会見で認めた。安倍昭恵首相夫人や複数の閣僚経験者の名前が消されていたのである（朝日新聞取材班・二〇一八、第七章 改竄）。また、書き換え（不都合な事実を隠したのだから改竄が正確な表現と考える）は佐川宣寿理財局長の国会答弁に合わせておこなわれたと説明した。佐川の国会答弁の下には安倍首相の「私や妻が関係していたということになれば、首相も国会議員も辞める」という発言への忖度があることは第一〇章「国家の融解」でも論じている。

また、不正確な文書処理も起こっている。一つは厚生労働省による毎月勤労統計調査をめぐる事柄である。調査方法を全数調査から抽出調査に変更したのに公表されないままでいたことや遡ってデータを修復するための資料が、保存期間内にもかかわらず廃棄されていたり、廃棄方法が正規の手続きを踏んでいないなどの問題が生じていたという（瀬畑・二〇一九、三頁以下）。二つ目として、二〇一九年六月に起こった金融庁報告書問題が挙げられる。「高齢社会における資産形成・管理」という報告書が、老後に不足額が「三〇年で二〇〇〇万円」となると記載したことに対して、麻生財務相が「政府の政策スタンスとも異なる」、「途中経過の文書で、金融庁の公文書にはなっていない」と記者会見や国会答弁で述べた（瀬畑・二〇一九、八頁以下）。さらに、「経済産業省資源エネルギー庁の幹部らが虚偽の公文書を作った問題で、うその記述は複数の公文書で少なくとも計六カ所に及んでいることが分かった」（『朝日新聞』二〇二〇年四月一〇日朝刊）という。

文書を記録し保存し公開するということが公機関の在り方の基本原則であろう。しかしながら、現状は、「忖度」という外への「慮り」によってだけでなく、虚偽という内からの行為によっても「文書主義」が壊れていく。これが官僚制の現状である。

引用・参考文献

朝日新聞取材班・二〇一八『権力の「背信」「森友・加計学園問題」スクープの現場』朝日新聞出版。

朝日新聞加計学園問題取材班・二〇一八『解剖 加計学園問題〈政〉の変質を問う』岩波書店。

芦部信喜・一九九三『憲法』岩波書店。

宇賀克也・二〇一二「日本における公文書管理法の制定と今後の課題」『アーカイブズ四五号』。

新藤宗幸・二〇一九「官僚制と公文書――改竄、捏造、忖度の背景」ちくま新書。

瀬畑源・二〇一八『公文書問題――日本の「闇」の核心』集英社新書。

瀬畑源・二〇一九『国家と記録――政府はなぜ公文書を隠すのか？』集英社新書。

曽我謙悟・二〇一三『行政学』有斐閣。

中野目徹・熊本史雄編・二〇〇九『近代日本公文書管理制度史料集 中央行政機関編』岩田書院。

西尾勝・二〇一二『行政学 新版』有斐閣。

野口雅弘・二〇一八『忖度と官僚制の政治学』青土社。

毎日新聞「桜を見る会」取材班・二〇二〇『汚れた桜「桜を見る会」疑惑に迫った四九日』毎日新聞出版。

松岡資明・二〇一八『公文書問題と日本の病理』平凡社新書。

M・ウェーバー著・世良晃志郎訳・一九六九『支配の社会学 一』創文社。

渡邉佳子・二〇一八「日本近代における公文書管理制度の構築過程――太政官制から内閣制へ」安藤正人・久保亨・吉田裕編『歴史学が問う 公文書の管理と情報公開――特定秘密保護法下の課題』大月書店。

第Ⅲ部 日本政治の伝統と今後

第Ⅲ部では、まず第八章においては、これまでと視点を変えて、天皇の「おことば」と首相の会見のことばを比較、検討する。

続く第九章では、安倍政権下において発生（発覚）した森友学園と加計学園問題、桜を見る会の問題、検察庁法改正の問題に焦点を当て、法の支配がゆらぎ、ゆがめられ、「人の支配」になりつつある現状の過程を追跡した。沖縄密約についてのかつての答弁等、安倍首相は国会の場で「平気で嘘をつく」ことができるようにみられているからである。

第一〇章では、前章を受けて、立法、行政、司法、メディアの融解から、「国家の融解」を説いた。

終章では、安倍内閣の特質と問題点を再整理した。

第八章　首相と天皇のことば——敗「戦後」生まれの日米関係

「揺るぎない絆」と「不動の柱」——「世界」の「平和」と「繁栄」

一九六〇年（昭和三五年）一月一九日にホワイトハウスのイースト・ルームで岸信介首相（一八九六〜一九八七）とクリスチャン＝ハーター米国務長官らが「日米相互協力及び安全保障条約」（通称「日米安保条約」・「新安保条約」）に署名してから六〇年が経った二〇二〇年（令和二年）一月一九日、外務大臣および防衛大臣（外務大臣は茂木敏充、防衛大臣は河野太郎）共催「日米安全保障条約六〇周年記念レセプション」が東京の外務省飯倉公館で開かれ、安倍晋三首相（一九五四年生まれ）が出席し、ジョセフ＝ヤング駐日米国臨時代理大使や在日米軍司令官、ドワイト＝アイゼンハワー元米大統領（一八九〇〜一九六九）の孫をまえにあいさつ(1)した。

同条約の調印式に臨んでアイゼンハワー大統領が岸首相にいったという、「この条約は、不滅である。」とのことばを安倍首相は紹介し、「そのとおりでした。いまや、日米安保条約は、いつの時代にも増して不滅の柱。アジアと、インド・太平洋、世界の平和を守り、繁栄を保証する不動の柱です。」と述べた。そして「六〇年、一〇〇年先まで、自由と、民主主義、人権、法の支配を守る柱、世界を支える柱として、日米同盟を堅牢《けんろう》に守り、強くしていこうではありませんか。」と語りかけたのである。

人類の歴史において、ある二国間条約が不滅や不動であった例は知らないが、「冷戦」のさなかに結ばれた改定日米安保条約を、「冷戦」後三〇年に安倍首相は「不滅の柱」・「不動の柱」と称えたのである。

あくる二〇日、国会での施政方針演説（『朝日新聞』二〇二〇年一月二一日「安倍首相の施政方針演説（全文）」）で安倍首相は、「昨日、日米安全保障条約は、改定の署名から六〇年を迎えました。日米同盟は、今、かつてなく強固なものとなっています。」と述べたが、「不滅の柱」・「不動の柱」とも「世界を支える柱」とも口にしなかった。

岸信介の座右の銘で、安倍首相も、内閣官房長官時代に著わした『美しい国へ』（文藝春秋、二〇〇六年）で「わたしの郷土である長州が生んだ俊才、吉田松陰先生が好んで使った孟子の言葉」（同書、四〇頁）として引いている「自ら反《かえり》みて縮《なお》くんば千万人といえども吾《われ》ゆかん」（『孟子』「公孫丑章句 上」）という古言、あるいはその安倍晋三現代語訳「自分なりに熟慮した結果、自分が間違っていないという信念を抱いたら、断固として前進すべし」（前掲『美しい国へ』、四〇頁）にもとづいて判断し、くだんの式典で日米安保条約を「不滅の柱」や「不動の柱」、日米同盟を「世界を支える柱」と称えたのであれば、国会でもこれらの文言を用いればよい。

そして安倍首相は、前日の式典ではふれなかった大事を国会では取り上げた。日米（同盟）の「深い信頼関係の下に、二〇二〇年代前半の海兵隊のグアム移転に向け、施設整備などの取り組みを進めます。抑止力を維持しながら、沖縄の基地負担軽減に、一つひとつ結果を出してまいります。」（前掲『朝日新聞』二〇二〇年一月二一日）。

日米安保条約六〇周年の式典における安倍首相のあいさつを初めて読んだとき、〝なんというあいさつなのか〟とおどろいた。このような式典がひらかれ、日本の首相がアメリカの要人のまえで、日米安保条約を持ち上げてこのようなことばを発したことに、〝これは問題である〟と考えた。しかし、このあいさつは、それほど注目も問題視もされなかったようである。

そして、あることばを聞いたときにも、〝だれがこれを書いたのか〟とおどろき、〝これは問題である〟と考えたことを思いおこした。

二〇一九年（令和元年）五月二七日の宮中晩餐会で、今上天皇（徳仁、一九六〇年二月二三日〈改定日米安保条約調印後〉生まれ）が、「令和」初の国賓であるドナルド＝トランプ米大統領（一九四六年〈第二次世界大戦後〉生まれ）をまえに、「我が国が、鎖国を終えて国際社会に足を踏み出したのは、今から一六五年前の一八五四年に、貴国との間で日米和親条約を締結したことに始まります。それ以来、日米両国とその国民は、様々な困難を乗り越え、相互理解と信頼を育み、今や太平洋を隔てて接する極めて親しい隣国として、強い友情の絆《きずな》で結ばれております。」と「おことば」(2)を述べた。

アメリカ東インド艦隊司令長官ペリーの名こそ出さないものの、日本が「国際社会に足を踏み出したのは」、「日米和親条約を締結したことに始まります」と、アメリカ大統領のまえで天皇が述べた。これこそ歴史認識の問題である。

先に掲げた安倍首相のあいさつに接したのち、今上天皇のこの「おことば」をあらためて読み、そこに「今日の日米関係が、多くの人々の犠牲と献身的な努力の上に築かれていることを常に胸に刻みつつ、両国の国民が、これからも協力の幅を一層広げながら、揺るぎない絆《きずな》を更に深め、希望にあふれる将来に向けて、世界の平和と繁栄に貢献していくことを切に願っております。」とのくだりがあることに気づいた。

これは起草者の問題ともかかわってくるのだが、この「おことば」と先に掲げた安倍首相のあいさつには共通点がある。本稿では、この両者を軸に、安倍首相があいさつ・発言・演説や著書において、敗「戦後」の日米関係をどう表現しているかを、そのことばや文章を取り上げてみていく。

良くも悪くも、戦に負けたから今の日本がある。正しくは、第二次世界大戦で日本は「連合国」に敗れたのだが、敗戦国日本と、第二次世界大戦後の日本にもっとも大きな影響を与えた戦勝国アメリカとの新たな関係を日本側から考えるには、「戦後」という語はふさわしくない。いわば、「戦後」ではものたりないのである。そこで本稿では、新たな日米関係のみなもとを常に強く意識するように、「戦後」の頭に「敗」の一字をつけ、敗「戦後」と表わす。

今上天皇の「おことば」と安倍首相のあいさつはともに、敗「戦後」生まれの日米関係を大前提としている。さらに、前者は「日米関係」を「揺るぎない絆」、後者は日米安保条約を「不滅の柱」や「不動の柱」と、誇張して表現している。

そして両者とも、日米を、「世界」の「平和」と「繁栄」に結びつけている。ただし、その「世界」とは何か、その「平和」と「繁栄」とは何か、だれにとってのどのような「世界」で、だれにとってのどのような「平和」と「繁栄」であるのかという根本問題については、両者ともに述べていない。もっとも、今上天皇は「日米関係」と結びつけ、安倍首相は「日米安保条約」と結びつけた「世界」の「平和」と「繁栄」がまったく重なることはなかろう。

ここでの「世界」とは何か。近代の日本（語）で「世界」とは、慶応四年（一八六八）の五箇条の誓文第五条「智識を世界に求め、大に皇基《こうき》を振起《しんき》すべし」によく表われているように、日本より上位にある西洋諸国を主に指す語であった。しかし、今上天皇や安倍首相が用いた「世界」とは、文字どおり「世界中」を表わしている。

ただし、安倍首相にとってこの「世界」とは、日本が主導権をにぎってかかわるものではない。ケネディ大統領が就任演説（一九六一年）で「世界の市民」（citizens of the world）に、「アメリカが君たちに何ができるかを問うのではなく」、「我々」（we）、すなわちアメリカ人（Americans）と世界の市民が「人類の自由のため、ともに何ができるのかを問うてほしい」と語りかけたくだりによく表われている、アメリカの下にありアメリカに指導される「世界」に、アメリカに従ってかかわるのである。

安倍首相は、日米安保条約にもとづいた日米同盟を通して「世界」の「平和」と「繁栄」に貢献することが、アメリカに対する、あるいは「世界」における日本の地位の向上につながると考えているのであろう。ただし、安倍首相がそう考えても、アメリカがそう考えるとはかぎらない。日本にとって、あるいは安倍首相にとってアメリカは絶対の「同盟国」であろうが、アメリカにとって日本は、数多い相手国のひとつにすぎない。これは、日米関係・「日米同盟」・日米安保条約にかかわる諸問題でも同じことである。

また、安保条約六〇周年の式典におけるあいさつで、安倍首相は「アジア」・「インド・太平洋」・「世界」といった語を用いたが、「ひとしく正文である日本語及び英語により本書二通を作成した。」と結びに記されている改定日米安保条約には、これらの語は使われていない。そして安倍首相のあいさつには、同条約の前文「(前略)両国が極東における国際の平和及び安全の維持に共通の関心を有することを考慮し、(後略)」や第四条「締約国は、(中略)日本国の安全又は極東における国際の平和及び安全に対する脅威が生じたときはいつでも、いずれか一方の締約国の要請により協議する。」・第六条「日本国の安全に寄与し、並びに極東における国際の平和及び安全の維持に寄与するため、アメリカ合衆国は、その陸軍、空軍及び海軍が日本国において施設及び区域を使用することを許される。(後略)」

に明記され、日米安保条約とは切り離せない「極東」の語がみあたらない。

いまは日本語で「極東」（「西洋」を中心に描いた世界地図における東の果て）は、おおむね「東アジア」（または「北東アジア」）に取って代わられ、その使用頻度は減っているものの、「冷戦」さなかの一九六〇年には生きた日本語であった。もっとも、「冷戦」後三〇年を経た二〇二〇年も日米安保条約そのものは変わっていない。

アメリカをまえにした安倍首相のことばの傾向と特徴

日米安保条約六〇周年の式典で安倍首相は二回「捧げ」た。「同盟強化の努力を日夜続けた人々に、深い感謝を捧《ささ》げます。／アジアの平和に身命を賭した、無数の、無名の、アメリカ人兵士たちに。地震と津波が日本を襲った時に、被害者と涙を共にしてくれた米軍の将卒に。歴代自衛隊員を含む、同盟の充実に労を惜しまなかった、日米全てのアンサング・ヒーローズ、名も無き英雄たちに。／彼らの払った努力と犠牲が、我々を平和にし、繁栄させせました。同盟をつなぐ信頼を、不抜にしたのです。」（／は原文改行、以下同じ）と語り、一八六〇年の遣米使節団を取り上げたうえで、「それから一〇〇年。岸首相は、アイゼンハワー大統領とあいともに、世紀の節目に立ち会いました。これから始まる新たな一〇〇年、両国に、更なる信頼と協力あれと、岸は挨拶で念じています。」と紹介し、「今、当時の祖父と同じ年齢に達した私は、同じ誓いを捧げようと思います」と切りだしたのである。

前者の「感謝を捧げ」る対象には、「アジアの平和に身命を賭した、無数の、無名の、アメリカ人兵士たち」が含まれているが、「アジアの平和」に関して具体例は挙げていない。また、後者では「誓いを捧げ」る相手を示していない。

安倍首相のこのあいさつは、強い思い入れとおおげさな言いまわしに満ちているが、とりわけ右に掲げたくだりにはそれらがあふれている。そして、こうした傾向はこのときに始まったものではない。

二〇一六年一二月二七日にバラク＝オバマ米大統領（一九六一年生まれ）とハワイの真珠湾を訪れたときの「発言」（「ステートメント」）(3)の一部をみてみよう。「オバマ大統領、アメリカ国民の皆さん、世界の、様々な国の皆さん。／私は日本国総理大臣として、この地で命を落とした人々の御霊に、ここから始まった戦いが奪った、全ての勇者たちの命に、戦争の犠牲となった、数知れぬ、無辜《むこ》の民の魂に、永劫の、哀悼の誠を捧げます。／戦争の惨禍は、二度と、繰り返してはならない。／私たちは、そう誓いました。そして戦後、自由で民主的な国を創り上げ、法の支配を重んじ、ひたすら、不戦の誓いを貫いてまいりました。／戦後七〇年間に及ぶ平和国家としての歩みに、私たち日本人は、静かな誇りを感じながら、この不動の方針を、これからも貫いてまいります。／この場で、戦艦アリゾナに眠る兵士たちに、アメリカ国民の皆様に、世界の人々に、固い、その決意を、日本国総理大臣として、表明いたします。」。

安倍首相のあいさつや発言では、「英雄」や「勇者」といった語が好んで用いられ、よく「誓い」よく「捧げ」る。そのわざとらしい表現は、聞く者や読む者が恥ずかしさをおぼえるほどである。起草者は、名文を書いたつもりかもしれないが。

安倍首相は、真珠湾では、「戦後、自由で民主的な国を創り上げ、法の支配を重んじ、ひたすら、不戦の誓いを貫いて」きた、「戦後七〇年間に及ぶ平和国家」の「不動の方針を、これからも貫いて」いくと述べたのだが、日米安保六〇周年の式典では、「不戦の誓い」とも「戦後七〇年間に及ぶ平和国家」とも口にしなかった。第二次世界大戦後のアメリカがそうではなく、そのアメリカとの安保条約六〇周年を記念する場であるゆえに慮りがはたらいたのであろう。安倍首相は、真珠湾で述べた「不戦の誓い」・「不動の方針」と、日米安保六〇周年の式典で述べた「不動の柱」や「誓い」とのあいだに、矛盾をおぼえないのであろうか。安倍首相はみずから「熟慮」したうえでことばにしたのか。

アメリカへの感謝と徳川幕府に対する黙殺

さきに取り上げたように、今上天皇はトランプ米大統領をまえに、「我が国が、鎖国を終えて国際社会に足を踏み出したのは、（中略）日米和親条約を締結したことに始まります。」と述べた。

日本がいわゆる「鎖国」から、ペリー来航で「開国」し、日米和親条約を結んで「国際社会」に出たとする言説を用いるのは、敗「戦後」の天皇二代がアメリカ大統領のまえで述べる「おことば」の型である。徳川幕府の将軍や幕臣にはふれないのもしかり。

安倍首相はくだんの記念式典で、改定日米安保条約の「調印から遡ること一世紀の一八六〇年。日本が初めて送り出した外交団は、所も同じイースト・ルームで、時のブキャナン大統領に会い、信任状を渡しています。日米関係の、始まりでした。」と述べた。

祖父岸信介や大叔父佐藤栄作が山口県生まれで、自身の選挙区も同県である安倍首相は、遣米使節団の話題は出しつつも、日米修好通商条約の批准書交換のためにその使節団をアメリカへ遣わした徳川幕府や、咸臨丸、その艦長であった勝海舟にはふれなかった。

天皇家と安倍一族にとって、天皇と薩長の「明治日本」（または「近代日本」）という思いは根強く、それは徳川幕府に対する黙殺とともに、今も連綿とつづいている。

「きずな（絆）」と「トモダチ作戦」——「美しい国」の安保

今上天皇がトランプ大統領のまえで述べた「おことば」には、「きずな（絆）」が二度用いられた。

そして今上天皇はトランプ大統領のまえで、「日米両国が困難な時に互いに助け合える関係にあることは大変心強く、取り分け、八年前の東日本大震災の折に、二万人を超える貴国軍人が参加した『トモダチ作戦』を始め、貴国政府と貴国国民から、格別の温かい支援を頂いたこと」に、「私たち」という主格を用いて、「決して忘れることはないでしょう」という形で感謝を示した。

安倍首相はくだんのあいさつで「私たちは、日米を、互いに守り合う関係に高めました。日米同盟に一層の力を与えました。これからは、宇宙、サイバースペースの安全、平和を守る柱として、同盟を充実させる責任が私たちにはあります。」と述べている。

ここで二回使われた「私たち」は、ともに同じ人々を指すのか、そしてだれを指すのかがあきらかでない。また、「同盟を充実させる責任」とあるが、本当に「責任」があるのか、あるとすればなぜなのかが示されていない。

今上天皇が述べた「互いに助け合える」は、あくまで「助け合うことができる」という可能の表現であるが、「私たちは、日米を、互いに守り合う関係に高めました」は、それは既定であるとの表現である。「高めました」とあるとおり、それまで日米両国は「互いに守り合う関係」ではなかったと安倍首相は考えている。

ここで、安倍首相が初めて首相となる二カ月まえの二〇〇六年七月に出版した、前掲『美しい国へ』から、日米安保に関する記述をみてみよう。当時、安倍晋三氏は首相ではなかったので、ここでは安倍氏とする。

第一章「わたしの原点」の「隷属的な条約を対等なものに変えた」の項（同書、二三～二四頁）では、一九五一年九月七日（現地時間）、サンフランシスコのオペラハウスで「日本国との平和条約」（通称「サンフランシスコ平和条約」・「サンフランシスコ講和条約」）に首席全権委員として全権団の一番始めに署名し、あくる八日（現地時間）、アメリカ軍の下士官用クラブハウスで「日本国とアメリカ合衆国との間の安全保障条約」（通称「旧安保条約」）に日本側でただひとり署名した、当時の首相吉田茂（一八七八〜一九六七）の名前を出さずに、旧安保条約の問題点（「アメリカが日本を守る（中略）防衛義務を定めた条項がなかった。」・「事前協議の約束もない。」・「アメリカ」が「日本に自由に基地をつくれる」・「日本に内乱が起きたときは、米軍が出動できる」・「アメリカ人が日本国内で犯罪をおかしても、日本には裁判権がない」・「条約の期限は、無期限」）を挙げる。

そして、「独立国とは名ばかりの、いかにも隷属的な条約」である旧安保条約の一九六〇年の改定について、「祖父はこのとき、この片務的な条約を対等にちかい条約にして、まず独立国家の要件を満たそうとしていたのである。いまから思えば、日米関係を強化しながら、日本の自立を実現するという、政治家として当時考えうる、きわめて現実的な対応であった。」と岸信介を評価する。

そして第四章「日米同盟の構図」の「日本とドイツ、それぞれの道」の項（同書、一二五〜一二八頁）は、「このとき与党の自由党のなかには、「独立国として、占領軍から押し付けられたものでない、自前の憲法をつくるべきである」、また、「国力に応じた最小限度の軍隊をもつのは当然で、自衛隊を軍隊として位置づけるべきだ」と主張する人たちがいた。その思いは、もうひとつの保守政党、民主党も同じだった。ともに戦後体制からの脱却を目指していたのである。／一九五五年の保守合同（自由民主党の成立）は、まさにこの目的を実現するためだった（後略）」と書き出される。「このとき」とは、一九五四年に自衛隊が発足したときである。安倍氏は自著で自由民主党の原点、すなわち結党の目的について著わした。二〇〇六年の安倍氏にとって、「自前の憲法をつくる」ことと「自衛隊を軍隊として位置づける」ことが、「戦後体制からの脱却」であった。

このくだりで安倍氏は、「自前の憲法をつくるべき」のまえに、「占領軍から押し付けられたもの」と置いた。日本国憲法の原案をつくったのは連合国軍総司令部（GHQ）で、実質はアメリカであったことは安倍氏もよくわかっているはずである。しかし、「アメリカから押し付けられたもの」とはしなかった。安倍氏にとって「戦後体制からの脱却」は、アメリカと結びつけてはならないものなのである。

さらに、注目すべき一事がある。「自前の憲法をつくるべき」・「自衛隊を軍隊として位置づける」という自民党結党の目的や、「戦後体制からの脱却」という、いわば自民党結党の精神を記したこのくだりが、「日米同盟の構図」という章で書かれていることである。それこそ日本の「戦後体制」を象徴しているとも、図らずも自民党および安倍氏みずからへの究極の皮肉になったともいえる。

まさしく「日米同盟」の枠内における「戦後体制からの脱却」である。いいかえれば、アメリカの掌の上での「戦後体制からの脱却」にすぎない。

安倍氏は首相となり、「戦後レジームからの脱却」なる標語を唱えた。しかし、使わなくなった。なぜか。

日本の「戦後レジーム」とは、アメリカを主とするGHQの占領政策が基となり、日本国憲法と新旧の日米安全保障条約および日米地位協定（かつての日米行政協定）が表裏で組み合わさり、敗「戦後」の日本国の大枠と「した」、あるいは「された」ものである。その規定と影響は、敗「戦後」の日本ならびに日本人のあらゆる面におよぶ。

安倍首相の目標が改憲と日米同盟の強化であれ、「戦後レジームからの脱却」をつきつめていくと、日米安保体制に話がおよぶのは当然である。「戦後レジームからの脱却」は、現行体制のあらゆる見直しにつながるとだれかから指摘されたのかもしれない。

「戦争」への言及

今上天皇はトランプ大統領を招いた宮中晩餐会で「(前略)上皇陛下は、天皇として御在位中、平和を心から願われ、上皇后陛下と御一緒に、戦争の犠牲者の慰霊を続けられるとともに、国際親善に努められました。今日の日米関係が、多くの人々の犠牲と献身的な努力の上に築かれていることを常に胸に刻みつつ、(後略)」と述べた。

さきに掲げたように、日米安保六〇周年の式典で安倍首相は、「同盟強化の努力を日夜続けた人々に、深い感謝を捧《ささ》げます。(中略)彼らの払った努力と犠牲が、我々を平和にし、繁栄させました。同盟をつなぐ信頼を、不抜にしたのです。」と述べている。

日米の催しでの天皇の「おことば」や首相のあいさつにおける大事であった「戦争」の取り上げ方が、両者とも、敗「戦後」の天皇二代と歴代首相のそれらにおけるよりも小さい。もっとも、日米それぞれが相手国に与えた損害や日米戦の戦場となった国々への加害についてふれない慣例は守られている。

今上天皇はトランプ大統領をまえに、上皇と上皇后の夫妻による慰霊の旅を取り上げて戦争に言及している。しかし、戦争そのものを直には取り上げなかった。

安倍首相にいたっては、アイゼンハワー大統領の孫に、「私たちの祖父は、ゴルフで友情を育てました。一九五七年の六月、（中略）戦争が終わって、まだ一二年しか経っていませんでした。」と語りかけただけである。

そして、今上天皇も安倍首相も、いわゆる「先の大戦」について特定の呼び名を使わない。どの呼称を用いるかが、「先の大戦」に対するみずからの捉え方や立場を示すことにつながるので、それを避けているのであろう。

「希望の同盟」――「ただ一筋」

日米安保六〇周年の式典で安倍首相は、「一〇〇年先を望み見た指導者たちが命を与えた日米同盟は、その始まりから、希望の同盟でした。私たちが歩むべき道は、ただ一筋。希望の同盟の、その希望の光を、もっと輝かせることです。ありがとうございました。」とあいさつを結んだ。

一九六〇年に改定された日米安保条約にもとづく「日米同盟」は、「その始まりから、希望の同盟」であったのか。前掲『美しい国へ』の第四章「日米同盟の構図」の「なぜ日米同盟が必要なのか」の項（同書、一二八〜一三〇頁）には、それに類する記述はみあたらない。むしろ、「改定のときの交渉」

について、「（前略）そのいじましいばかりの努力は、まさに駐留軍を、占領軍から同盟軍に変える、いいかえれば、日本が独立を勝ち取るための過程だったといってよい。しかし同時に日本は、同盟国としてアメリカを必要としていた。なぜなら、日本は独力で安全を確保することができなかったからである。」と書かれている。安倍氏のこの記述を読むかぎり、「日米同盟は、その始まりから、希望の同盟」と称えることはとてもできない。

「私たちが歩むべき道は、ただ一筋。希望の同盟の、その希望の光を、もっと輝かせることです。」――これでは、日米がすすむべき道はほかにない、道は選べないというにひとしい。そして、「希望の光」とは何か、「もっと輝かせる」とはどういうことかは示されていない。

安倍首相はここで主格を「私たち」、つまり日米としたものの、アメリカが、日米が「歩むべき道は、ただ一筋」と考えているとはかぎらない。アメリカにとって日本は、数ある「同盟国」のひとつにすぎない。あくまで安倍首相が、日米のこれからを「ただ一筋」と述べたにすぎないのである。そもそも日米関係は、安保条約にもとづく「日米同盟」だけではない。

二〇〇六年の安倍官房長官は当時の日米同盟について、前掲『美しい国へ』で、一九六〇年の改定のくだりにつづけて、（「日本は独力で安全を確保することができな」いという）「その状況はいまも変わらない。自国の安全のための最大限の自助努力、『自分の国は自分で守る』という気概が必要なのはいうまでもないが、核抑止力や極東地域の安定を考えるなら、米国との同盟は不可欠であり、米国の国際社会への影響力、経済力、そして最強の軍事力を考慮すれば、日米同盟はベストの選択なのである。」と書いている。

二〇〇六年には、著書で一九六〇年の安保改定に関して、日本の「いじましいばかりの努力」・「日本が独立を勝ち取るための過程」と記していた安倍氏は、二〇二〇年には、その改定安保六〇周年の式典で、首相として「日米同盟は、その始まりから、希望の同盟でした」と述べるにいたった。同じように、二〇〇六年には、「核抑止力や極東地域の安定を考え」て「米国との同盟は不可欠」、「米国の国際社会への影響力、経済力、そして最強の軍事力を考慮」して「日米同盟はベストの選択」と、現在を「考え」・「考慮」したうえでの「選択」と記していた安倍氏は、二〇二〇年には、「私たちが歩むべき道は、ただ一筋」と未来をただ語るようになった。

安倍首相は「希望の同盟」という表現が気に入っているようである。二〇一六年五月二七日にオバマ大統領と広島を訪れたときの「発言」（「ステートメント」）(4)では、「昨年、戦後七〇年の節目に当たり、私は、米国を訪問し、米国の上下両院の合同会議において、日本の内閣総理大臣として、スピーチを行いました。」と語り始め、「熾烈に戦いあった敵は、七〇年の時を経て、心の紐帯《ちゅうたい》を結ぶ友となり、深い信頼と友情によって結ばれる同盟国となりました。そうして生まれた日米同盟は、世界に『希望』を生み出す同盟でなければならない。私は、スピーチで、そう訴えました。」と述べた。

アメリカ大統領と訪れた広島での「発言」において、日米安保条約そのものは出さなかったものの、それにもとづく「日米同盟」にふれた。安倍首相は、敗「戦後七〇年」に「米国の上下両院の合同会議」で「日本の内閣総理大臣として、スピーチ」を（英語で）おこなったことを、「発言」の始めに入れたかったのであろう。

そして、さきに紹介した真珠湾での「発言」では、「あの『パールハーバー』から七五年。歴史に残る激しい戦争を戦った日本と米国は、歴史にまれな、深く、強く結ばれた同盟国となりました。／それは、いままでにもまして、世界を覆う幾多の困難に、共に立ち向かう同盟です。明日を拓く、『希望の同盟』です。」と述べている。

真珠湾での「発言」でも、「日米同盟」は、「明日を拓く」と未来に向けられていた。ところが日米安保の記念式典のあいさつでは、未来だけでなく、先に取り上げたように、「日米同盟は、その始まりから、希望の同盟でした。」と、祖父岸信介に発するみなもとへとさかのぼり、過去の美化、原点の美化を図ったのである。

敗「戦前」と敗「戦後」

これまでにみてきた安倍首相のことば、とりわけ日米安保条約についてのことばに関連した興味ぶかい指摘が、山口二郎編『安倍晋三が〈日本〉を壊す――この国のかたちとは：山口二郎対談集』（青灯社、二〇一六年）の冒頭に載る山口と内田樹（一九五〇年生まれ）の対談にある。その表題を「内面の葛藤を持たない安倍首相」としたこの対談において、自民党の自主憲法制定や歴史修正主義の話題となり、内田の「ナショナリストであったら、まず最初にやるべきことは」ということばに、山口が「安保破棄」と答え、内田が引き取って「そうですね。外国軍が国土の一部を不法占拠している事態に対して、反基地運動を展開するのがナショナリストの最優先の仕事でしょう。国土奪還というのがまっ先にくる。それをやらないいんですから。そんな連中のことを僕は『ナショナリスト』だとは認めない。天皇を崇敬するということと、米軍基地の撤去を優先課題に掲げていること。それが正統なナショナリストじゃないんですか。だから、安倍政権を僕はナショナリストだとも思っていないんです。あれは属国民に固有の精神の病ですよ」（同書、五〇〜五一頁）と述べている。

安倍首相が「天皇を崇敬」しているか、すくなくとも、先代の天皇と今上天皇に対してそうであるかは定かでない。一方で「米軍基地の撤去を優先課題に掲げてい」ないのは確かである。

南丘喜八郎（一九四五年生まれ）は、『朝日新聞』（二〇二〇年三月一四日「宰相の『ことば』」）で、安保条約六〇周年の式典における安倍首相のあいさつを「演説」とし、「安倍さんはここで、今後六〇年、一〇〇年先まで日米同盟を強くしていく、と述べました。これから一〇〇年、米国の奴隷状態で構わないということです。これが、日本の保守政治家を自任する首相の演説です。／安倍さんがもし本気で改憲をするというなら、「日米同盟一〇〇年先まで」などと言えるはずはない。現憲法と日米安保は表裏一体、セットだからです」と読み解いている。

ただ、おおげさな言いまわしを好む安倍首相が本当に「一〇〇年先まで」みすえているかはあやしい。日本の首相のことばとしては大問題であるが、安倍晋三のことばとしてみれば、いつものよくある発言のひとつと捉えることもできる。

前掲『安倍晋三が〈日本〉を壊す』で内田樹は、外交・国防・エネルギー・食糧・教育・医療など、国家の「根幹」になる「政策」を、「アメリカの許諾を得ないと何も実現できない」「日本は主権国家ではない」としたうえで、「敗戦直後は、とにかく戦争に負けた、何とかして国家主権を回復したいということが悲願だった。(中略)この間まで日本は主権国家だったわけですから。(中略)自国の運命をまがりなりにも自己決定できた(中略)戦争をすることだって決められた。(中略)自己責任でそれを採用した(中略)敗戦国になって(中略)自国のことを何も自己決定できなくなってしまった。(中略)主権を回復したいという気持ちは、一九七〇年代くらいまで──七二年の日中共同声明までは確かにあったと思います。八〇年代も中曽根康弘くらいまではギリギリあったかもしれない。でも、どこかで日本人は属国民であるということに慣れ初めてしまった」と述べている。

内田による時代の区切りでいけば、一九六〇年に首相だった岸信介にも、「主権を回復したいという気持ち」はあった。それでは孫の安倍首相はどうか。

内田はこうつづける。「敗戦の前の、日本が主権国家であった時の記憶を持っている日本人なんか、もうほとんどいない。今生きている日本人は、ほぼ全員が属国になってから後の日本しか知らない。だから、属国の地位を脱して、国家主権を奪還しようということをもう誰も言わなくなった。」(ここまで、同書、五一～五二頁)。

安倍首相は、敗「戦後」生まれで初めて首相となった人物である（そのあとにつづく敗「戦後」生まれの首相は、民主党政権の鳩山由紀夫・菅直人・野田佳彦）。このさき日本の首相になる人物は、おそらくみな敗「戦後」生まれであろう。そして今上天皇は、敗「戦後」生まれとして初めての天皇である。彼らにとっては、ものごころついたときから敗「戦後」の日米関係があり、それが彼らの思考や言動を規定している。一方アメリカでは、クリントン以降の大統領（ジョージ＝W＝ブッシュ〈子ブッシュ〉・オバマ・トランプ）はみな第二次世界大戦後生まれである。彼らにとっては、第二次世界大戦後の日米関係、つまりアメリカの下に日本があるという関係は当然のことであろう。

内田や南丘が取り上げたこの問題は、もちろん世代論だけで語ることはできないが、安倍首相は、代表的敗「戦後」日本人、あるいは敗「戦後」世代の政治家の代表と呼ぶにふさわしい人物である。

「かえりみる」ということ

これまでにみてきた安倍首相のことば、とりわけ「日米同盟」や日米安保条約に関することばには、疑問や悩みがない。すくなくとも、あるようにはみえない。「日米同盟」、それがもとづく日米安保条約および日米地位協定を、日米関係の大前提としないことは、今の安倍首相には難しい相談であろう。だが、それらをいささかでもかえりみれば、「日米安保条約は、いつの時代にも増して不滅の柱。アジアと、インド・太平洋、世界の平和を守り、繁栄を保証する不動の柱です」などという買いかぶりとお世辞と傲りをないまぜたことばを口にすることは（でき）なくなるかもしれぬ。もっとも、「自ら反みて縮くんば千万人といえども吾ゆかん」、すなわち「自分なりに熟慮した結果、自分が間違っていないという信念を抱いたら、断固として前進すべし」という道のりを経て述べたことばなら、話は別である。

1　二〇二〇年二月一一日閲覧　首相官邸ホームページ https://www.kantei.go.jp/jp/98_abe/actions/202001/19anpo.html

二〇二〇年二月一一日閲覧　外務省ホームページ https://www.mofa.go.jp/mofaj/na/st/page6_000482.html

2　二〇二〇年二月一一日閲覧　宮内庁ホームページ https://www.kunaicho.go.jp/page/okotoba/detail/48#157

3　二〇二〇年五月一日閲覧　首相官邸ホームページ http://www.kantei.go.jp/jp/97_abe/statement/2016/1227usa.html

4　二〇二〇年五月一日閲覧　首相官邸ホームページ http://www.kantei.go.jp/jp/97_abe/statement/2016/0527hiroshima.html

Please have a brake 3

敗戦と復讐(心)—『忠臣蔵』と『千本桜』

敗「戦後」の『忠臣蔵』—アメリカで「仇討ち」

当時の首相岸信介がいうには、「国会周辺は騒がしいが、銀座や後楽園球場はいつも通り」であったころ(一九六〇年(昭和三五年)五〜六月)、東銀座の歌舞伎座では歌舞伎が上演されていた。同じころ、「日米修好百年」を記念して大歌舞伎では初のアメリカ公演がおこなわれた。

「二つの海外公演の話が持ち上」り、「最初は訪ソ公演であ」ったが、「その後にすぐ訪米歌舞伎の実現とな」った(1)。ソ連公演は、あくる一九六一年におこなわれた。

訪米公演の演目のひとつが『仮名手本忠臣蔵』であった。『忠臣蔵』(寛延元年〈一七四八〉)は、文楽・歌舞伎の三大名作の随一で、一九四五年九月二二日にGHQが下した映画演劇に関する取締り規則第一号「封建主義に基礎を置く忠誠、仇討ちを扱った歌舞伎劇は現代的世界に相容れない。(後略)」や、同年一一月にGHQ民間情報教育局(CIE)が通達した上演を許さない内容一三項目の「一、その主旨に仇討、復讐のあるもの」・「五、封建的忠誠を連想させるもの(後略)」に抵触するとして、同年一二月のGHQと松竹の「話し合い」で上演「不許可」となった。しかし、一九四七年には解禁された(2)。そして「安保騒動の最中」(訪米公演の事務局長永山武臣のことば。安倍晋三氏も「安保騒動」とする(3))に、かつての敵国アメリカで上演されたのである。

永山は、「ニューヨーク・タイムズに『歌舞伎は政治よりも礼儀を心得ている』と書かれたことが、大変うれしかったと語っている」(4)。これは、同紙(六月一七日)のブルックス＝アトキンソンの劇評「我々と日本との政治的関係が不快かつ痛恨事でさえあるこのとき(中略)カブキがニューヨークを征服することになろうとは(後略)。ニュース欄の記事や写真は暴力と憎しみを伝えている。が、その激情は現在の時点に焦点をおいた、個々人的なものである。（中略）ニューヨークの観客一同は、我々が文明の人々すべてに負うところの敬意をもって、彼等を受入れる。（改行）何故なら、演劇は政治より礼法を心得ているからである」(5)を踏まえている。安保「闘争」は、一九六〇年「現在の時点」だけの「暴力と憎しみ」と「激情」に終わり、一九七〇年はその残り火で、二〇二〇年には「暴力と憎しみ」も「激情」も消え尽くしている。

アイゼンハワー大統領が来日するはずであった一九六〇年六月一九日、改定日米安保条約が国会で自然成立した。かたやニューヨークでは、日本を代表する復讐劇が上演されていた（一八日〈土〉の昼夜。討ち入りの場は上演されず）(6)。

フォービアン＝バワーズは「戦後」五〇年の一九九五年に「歌舞伎よ永遠なれ」で、「米軍は〝仇討ち〟を恐れていたのです。日本人に『忠臣蔵』のような復讐劇を見せたら、米軍兵士が殺されると彼らは考えたのです。」と書いている(7)。その真偽は措くとして、GHQが『忠臣蔵』の上演を許したのは、その価値を認めたからか。それとも、アメリカに敗れた日本人は、『忠臣蔵』は好むが、強大な支配者のアメリカには復讐しない、復讐できない、そうする意思も力もないと見通したゆえか。いずれにせよ、歌舞伎の『忠臣蔵』を上演したからとて、復讐心の発動をはじめとする日本人の言動に大した影響はないと判断を下したのであろう。

天皇と臣下の言動の型――『千本桜』と敗「戦後」

『義経千本桜』（延享四年〈一七四七〉初演）は、源平の争いの後日譚で、文楽・歌舞伎の三大名作のひとつである。安徳天皇が源氏の手に渡り、手負いの平知盛は源義経になおも戦いを挑む。「生きかわり死にかわり、恨みをなさで置くべきか」。天皇が知盛に「おことば」をかける。「永々の介抱は其方《そち》が情け、きょうまた我を助けしは、義経が情けなれば、仇に思ふなコレ知盛」。知盛は復讐を思いきり、義経に「片時《へんし》も早く帝の供奉《ぐぶ》を頼む頼む」。義経は答える。「帝の御身《おんみ》は義経が、何国《いづく》までも守護なさん」。竹本は語る。「御手《おんて》を取りて立ち給えば、知盛にっこと打笑みて」、知盛「昨日の仇は今日の味方。あら心安や、嬉しやなア」(8)。そして知盛は碇をかついで入水する。

敗「戦後」、歌舞伎の時代物はほとんどが上演不可となり、九演目しか許可されなかったなかで、『千本桜』は上演が許された(9)。この作品も「主旨に仇討、復讐」があり、「封建的忠誠を連想させる」のだが。

GHQは、安徳天皇に、敗「戦後」の昭和天皇の言動を重ね、安徳天皇の「おことば」で復讐をあきらめた知盛に、昭和天皇の「おことば」で敗戦を受け入れてアメリカに復讐しない日本人を重ねたのであろうか。

敗「戦後」、日本人の復讐心の「ほど」があきらかになり、言動の型があらわになった。極東国際軍事裁判のA級戦犯被疑者（不起訴）として三年余りを巣鴨拘置所で過ごさざるをえなかった岸信介は、アメリカやソ連にいかほどの復讐心をいだいていたであろうか。良くも悪くも、安倍首相には、アメリカやロシアへの復讐心はみえない。

1 和田秀夫・一九九五年「松緑さんの思い出——その人柄を偲びつつ」『松竹百年記念 二代目尾上松緑七回忌追善 團菊祭五月大歌舞伎』筋書所収、松竹株式会社、三四頁。

2 岡本嗣郎・一九九八年『歌舞伎を救った男——マッカーサーの副官フォービアン・バワーズ』集英社、一五〇～一五二、一六五～一七〇、二六八、二七六～二七七、三二一～三二六頁。

3 歌舞伎座宣伝部・一九九五年「松竹百年と歌舞伎五 戦後から昭和三十九年まで」『松竹百年記念 六月大歌舞伎』筋書所収、松竹株式会社、七六頁。安倍晋三・二〇〇六年『美しい国へ』文藝春秋、二〇頁。

4 前掲『松竹百年記念 六月大歌舞伎』筋書七六頁。

5 永山武臣監修、茂木千佳史編集・一九九二年『歌舞伎海外公演の記録』松竹株式会社、八四頁。

6 同前、七八頁。

7 前掲『松竹百年記念 六月大歌舞伎』筋書所収、五頁。

8 国立劇場芸能調査室・一九六九年『国立劇場上演台本集三』国立劇場、二九七～二九九頁。

9 岡本、前掲『歌舞伎を救った男』一七〇頁。

第九章　揺れる法の支配

四つの疑惑

第一次内閣も含めれば、憲政史上最長の政権となった安倍晋三内閣は、長期政権であるがゆえに、おごりとゆるみが現れるようになった。それを象徴するのが、森友学園問題、加計学園問題、桜を見る会問題、黒川弘務東京高検検事長の定年延長問題である。これらの四つの問題に共通するのは、法を曲げてまで、安倍首相が自分に近しい人間に便宜を図ったのではないかと疑われた点であった。これらの疑惑が真実ならば、日本は法治主義（国家におけるすべての決定や判断は、国家が定めた法律にもとづいておこなうべきという考え方）の国ではなくなり、人治主義の国になったと言っても過言ではない。果たして、四つの疑惑は真実だったのだろうか、そして、日本はいつの間にか人治主義の国となってしまったのだろうか。四つの疑惑を検証する。

森友学園をめぐる疑惑

大阪府で幼稚園を運営する森友学園は創業者の森友寛が理事長の時代は教育に政治色を盛り込むこ

とがなかったが、創業者の死後、彼の娘である籠池諄子と夫の泰典が運営を担うようになると、夫婦は園児に教育勅語を暗唱させるなど、運営する幼稚園の教育に保守思想を盛り込むようになり、自らも保守的な政治家と親交を深め、時には幼稚園に講演に招くなど、保守的な政治運動に没頭するようになっていった。二〇一六年には、森友学園は大阪府豊中市の国有地を購入し、「日本初で唯一の神道の小学校」をうたう「瑞穂の國記念小學院」の建設に乗り出した。

二〇一七年二月七日、『朝日新聞』がこの土地購入に疑問を呈す記事を掲載した。土地を管理していた財務省近畿財務局が売却価格を非公表としており、朝日新聞の調査によれば、売却額は近隣国有地の一〇分の一という不当に安い値段であるという内容だった。また、建設されている小学校の名誉校長には安倍昭恵首相夫人が就いていることも合わせて報じた。

この新聞記事は早速、国会で取り上げられた。野党は、安倍首相夫人が小学校の名誉校長に就いていることから、土地の異常な値引きには、安倍首相が裏で関わっているのではないかと疑ったのである。二〇一七年二月一七日、衆議院予算委員会において、安倍首相は民進党の福島伸享議員の質問に答え、森友学園への国有地払い下げに「私や妻が関係していたということになれば、総理大臣も国会議員も辞める」と答弁した。また、森友学園の教育については「妻から森友学園の先生の教育に対する熱意は素晴らしいという話を聞いています」と述べている。

しかし、その後、森友学園について様々な問題が噴出するようになる。その一つが、森友学園の教育内容である。森友学園が園児に教育勅語を暗唱させていることは一部では知られていたが、さらに人々に衝撃を与えたのが、運動会の選手宣誓で園児に「安倍首相がんばれ　安倍首相がんばれ　安保法制国会通過よかったです」などと言わせている異様さであった。さらに、森友学園が国土交通省、大阪府、関西エアポートに異なった額の建築費を申請していることが判明。森友学園が国に過分の建築費を申請し、補助金を必要以上に受け取っていたことが明らかとなった。

三月一六日、森友学園の現地調査に訪れた参議院予算委員会の視察委員に対し、籠池泰典理事長は「二〇一五年に安倍昭恵夫人を通じて安倍首相から一〇〇万円の寄付金を受け取った」と証言した。この証言は官邸や自民党を激怒させ、籠池理事長は国会で証人喚問させられることとなった。

三月二三日、証人喚問に出席した、籠池理事長は、首相夫人付職員から送られたファックスを公開した。その内容は、一〇年間の定期借地契約を結んでいた籠池理事長が契約期間の延長を求めて安倍首相夫人に連絡し、首相夫人付職員から財務省にその件について問い合わせを行ったという内容であった。野党はそのファックスが財務省への圧力となり、国有地売却価格の大幅値引きにつながったのではないかと攻勢を強めた、一方、官邸は首相夫人付職員や安倍昭恵夫人と籠池理事長との私信のやり取りを公開し、一〇〇万円の寄付や財務省への圧力を否定した。

五月八日、『朝日新聞』のインタビューに応じた籠池前理事長（三月いっぱいで理事長職を退任）は「われわれの学園の名誉校長をされる前から講演会に何度か来られてる。財務局の人間も知ってるから。知ってるがゆえに、なぎからそよ風、強い風になっていく、そういう感じなんですよ」(1)と述べ、安倍昭恵首相夫人の存在が官僚たちを忖度させ、土地取引を有利にすすめることができたことを強調した。

一方、国会では財務省の佐川宣寿理財局長が「交渉記録はない。速やかに廃棄していることだと思うので、記録は残っていない」「価格については、こちらから提示したこともないし、先方から幾らで買いたいといった希望があったこともない」と安倍首相夫人の関与があったのではないかという疑惑をまっこうから否定し、土地取引に関する記録の存在も否定し続けた。後に佐川は国税庁長官に昇進するが、それは一貫して疑惑を否定し続けた論功行賞だと噂された。

翌二〇一八年一月、神戸学院大学の上脇博之教授の行政文書開示請求に応えて、近畿財務局が開示した文書の中に二〇一六年に森友学園と近畿財務局による土地取引の交渉記録が発見された。さらに二月に財務省が国会に提出した相談記録にも森友学園と近畿財務局とのやりとりが載っており、「交渉記録はない」とした佐川前理財局長の証言が虚偽である疑いが高まった。さらに三月二日には『朝日新聞』が財務省が国会議員に提示した、森友学園との国有地取引の際に作成した決裁文書に書き換えの疑いがあることを報じた。三月一二日、財務省はこの報道を事実と認め、佐川前理財局長の答弁に合わせるために、決裁文書を書き換えていたことを明らかにした。この報告の直前、佐川は国税庁長官を辞任していた。しかし、佐川前理財局長をはじめとする決裁文書書き換えに関わった財務省関係者三八人全員に対する虚偽公文書作成罪、国有財産を不当に安く売り渡した背任罪などの起訴を大阪地検は見送った。

籠池夫妻は、小学校建設に絡む国の補助金をだまし取り、運営する幼稚園で「病弱児童や障害児などを支援している」と偽って、大阪府や大阪市からも補助金をだまし取ったとして、二〇一七年七月から八月にかけて詐欺罪で逮捕された。二〇二〇年二月一九日、大阪地裁は夫の泰典に懲役五年の実刑判決、妻の諄子を一部無罪としたうえで懲役三年、執行猶予五年の判決を下し、夫妻は共に控訴した。

この事件の最大の焦点とされた安倍首相夫人の関与があったか否かについては最後まで明らかにされず、事件はあいまいなままで幕引きとなった。しかし、二〇二〇年三月、森友学園への国有地売却に関する公文書の書き換えを命じられて自殺した、財務省近畿財務局の職員の妻が「夫が自殺に追い込まれたのは佐川元国税庁長官に文書改ざんを命じられ、精神的に追い詰められたため」として国と佐川元国税庁長官に損害賠償を求めて大阪地裁に提訴。職員の手記も『週刊文春』（二〇二〇年三月二六日号）に掲載され、野党は政府への追及を再び強めている。

加計学園をめぐる疑惑

日本の国公私立大学の獣医学部・獣医学科の定員は約一〇〇〇人ほどであり、獣医師の約四割がペット診察に携わっている。そのため、家畜を診る産業動物獣医師や、伝染病予防や食の安全を担当する公務員医師などの不足が問題となっていた。しかし、農林水産省は全体として獣医師は不足していないという立場をとっており、文部科学省（文科省）も二〇〇三年に獣医学部の新設を認めないという告示を出していた。そのため、一九六六年に北里大学畜産学部（現・獣医学部）が新設されて以来、獣医師を養成する大学・学部は新設されてこなかった。

このような状況を打破しようと動いたのが学校法人加計学園である。加計学園は、首相主導の国家戦略特区制度を利用して、愛媛県今治市に岡山理科大学獣医学部を設立する認可を得ることに成功する。しかし、加計学園の加計孝太郎理事長がアメリカ留学時代以来の安倍晋三首相の腹心の友であったことから、安倍首相が加計学園のために便宜を図ったのではないかと疑われたのが加計学園問題である。

問題の発端は二〇一七年五月一七日の『朝日新聞』の記事であった。この記事は、内閣府が文科省に対して「総理のご意向」「官邸の最高レベル」という言葉を使い、二〇一八年四月の獣医学部新設を強く求めていることが記された文書が発見されたというものであった。しかし、菅義偉官房長官は「全く、怪文書みたいな文書じゃないでしょうか」と相手にしなかった。これに対して前川喜平前文科事務次官は文書を本物と認め、「行政がゆがめられた」と『朝日新聞』のインタビューに答えた。

六月二日、ＮＨＫは「官邸の最高レベルが言っている」などと記された文書が文科省の一〇人以上の職員に複数回にわたって送信され、今も個人のパソコンの中に保管されている、と報じた。同日、民進党も文科省が内閣府から「官邸の最高レベルが言っている」などと言われたと記録された文書や、この文書が添付されたとみられるメールの写しを入手したと明らかにした。六月一五日、文科省は民進党などから示されるなどした一九の文書のうち同趣旨、同内容の一四の文書が発見されたと報告した。

文科省が発見した文書の中には、萩生田光一官房副長官が獣医学部新設の要件に「広域的に」「存在し」「限り」の文言を追加し、「広域的に獣医師系養成大学等の存在しない地域に限り獣医学部の新設を可能とする」などと修正するよう求めたとするメールが存在した。この文言の修正によって、加計学園と同時期に獣医学部の新設を模索していた京都産業大学は近畿地方に大阪府立大学獣医学類が存在することから、国家戦略特区の応募資格から外れ、獣医学部のない四国地方における設置を目指す加計学園が優位に立つ内容であった。現に、その後、京都産業大学は獣医学部の新設を断念している。さらに六月一九日には、NHKが「10/21　萩生田官房副長官ご発言概要」という題の文書の存在をスクープし、翌日、文科省はその文書の存在を認めた。それによれば、「総理は『平成三〇年四月開学』とおしりを切っていた。工期は二四ヶ月でやる。今年一一月には方針を決めたいとのことだった」と安倍首相の意向があったことが記載されていた。萩生田官房副長官はメールや文書の内容を否定したが、こうした文書の発見によって、加計学園の獣医学部新設に対して安倍首相が便宜を図ったのではないかという疑いは濃厚となった。内閣支持率は急落し、七月の都議選で自民党は大敗した。

安倍首相と自由民主党（自民党）は窮地に追い込まれたが、それを救ったのが民進党の分裂であった。民進党が希望の党・立憲民主党などに分裂した結果、一〇月の総選挙では自公両党は大勝し、さらに民進党が分裂したために加計問題に対する野党の追及が弱まり、安倍首相は窮地を脱することに成功したのである。一一月、林芳正文科相は岡山理科大学獣医学部の開設を許可し、翌年四月三日、同学部は入学宣誓式を挙行した。

入学宣誓式の直後の四月一〇日、新たな疑惑が浮上した。『朝日新聞』が、二〇一五年四月、柳瀬唯夫首相秘書官が愛媛県や今治市の職員、加計学園幹部と面会した際、「本件は首相案件」と述べたと記載された愛媛県文書を発見したと報じたのである。柳瀬秘書官は愛媛県や今治市の職員と会ったことを否定し、その後、会ったものの会話はしていないと弁明した。一方で、中村時広愛媛県知事はこの文書が間違いなく愛媛県の職員が作成した記録文書であることを認めた。

愛媛県は国会の要請に応じ、五月二一日、新たな文書を提出した。その中には、二〇一五年二月二五日、安倍首相と加計理事長が会談した際、安倍首相から「そういう新しい獣医大学の考えはいいね」という発言があったと、加計学園から愛媛県に報告されたという文書が含まれていた。安倍首相は加計理事長から今治市に獣医学部を新設する構想を聞かされていなかったとこれまで答弁しており、文書が本当ならば、安倍首相の答弁は嘘であったということになる。国会は紛糾したが、五月二六日、加計学園は当時の担当者に確認したところ、文書が作成された当時、「獣医学部設置の動きが一時停滞していた時期であり、何らかの打開策を探しておりました」とし、「構造改革特区から国家戦略特区を用いた申請にきりかえれば、活路が見いだせるのではないかという考え」から、架空の会談内容について言及したと述べたと発表した。立憲民主党の枝野幸男代表は「仮に（コメントが）本当だとしたら、総理の名をかたって県や市をだました。それはもう犯罪的な話だ」と批判したが、自民党の森山裕国会対策委員長は「三年前のことでもあり、こういうことだったのではないかという程度の話だろうと思う。加計理事長と総理の一五分間にわたる会談というのはなかったというふうに私は思っている」と騒動の幕引きを図った。

森友学園問題同様、加計学園問題もまた、様々な疑惑が十分に解明されないままの幕引きとなった。

桜を見る会をめぐる疑惑

桜を見る会は一九五二年以来、内閣総理大臣が「各界において功績、功労のあった方々を招き日頃の労苦を慰労するため」に開催している公的行事であり、皇族・元皇族、各国大公使などのほか「その他各界の代表者等」が招待される。

二〇一九年一一月八日、参議院予算委員会において、日本共産党（共産党）の田村智子議員は桜を見る会の参加者と予算が第二次安倍内閣の発足以降、年々増加しており、その原因として、「その他各界の代表者等」として自民党議員の後援会関係者が多数招待されているからではないのかと質問した。田村議員はその根拠として、複数の自民党議員のブログに後援会関係者を桜を見る会に招いた旨、記載されていることを挙げ、モラルハザード（倫理観の欠如）であると批判した。

一一月一三日、菅官房長官は、二〇二〇年度の桜を見る会を中止とすると発表し、そのなかで招待者の中に与党枠や首相枠が存在することを事実上認めた。そこで、問題の焦点は「与党枠や首相枠でどのような人たちが招待されているか」という点に移った。ところが、内閣府は「招待者名簿は五月九日に廃棄し、電子データも残っていない」と野党に回答した。ところが、五月九日という廃棄した日付がその後、問題となる。というのも、五月九日は共産党の宮本徹衆議院議員が国会質問のために、桜を見る会の関係資料を内閣府に請求した日だったからである。そこで、野党議員の間には「内閣府が宮本議員の請求を受けて、証拠隠滅を図ったのではないか」という疑念がうまれた。しかし、内閣府は「名簿の廃棄の分量が多いので、大型のシュレッダーを使おうとしたら、各局の使用が重なった。担当する職員も若干、期間業務職員的な人間だったこともあり、そうしたもろもろの調整をした結果、連休明けの五月九日になった」と弁明した。

一一月二五日、参議院行政監視委員会において、共産党の田村議員は悪質なマルチ商法を展開し、二〇一四年に消費者庁の行政指導を受け、二〇一九年に六都県の警察の合同捜査本部に強制捜査されたジャパンライフ株式会社の山口隆祥会長に、二〇一五年に安倍首相名で桜を見る会の招待状が届き、それが宣伝に使われていたことを暴露した。そして、宣伝に掲載された受付票には「六〇―二三五七」の番号がふられていた。田村議員は内閣府から受け付け票や招待状を封筒に入れる業者に委託する際に渡される仕様書の中に「総理・長官等の推薦者（六〇、六一、六二、六三）」とあるのを発見し、山口会長の受付票に書かれていた数字六〇は総理枠の可能性が高いと判断。安倍首相が自らの招待枠でマルチ商法の会社の会長を招待したのではないかと追及した。しかし、内閣府は「お答えできるだけの情報を持ち合わせていない」と答弁した。その後も内閣府は野党に対して「ナンバーが何かというのは、発送が終わり次第、廃棄している」「当時の区分の考え方は、正直分からない」と回答。野党から「当時の担当者に六〇～六三の違いについて確認してもらえないか」と要請されると「それについては検討中」などと繰り返し、「六〇」という番号が何を示すのか明らかにするのを執拗に拒んだ。

しかし、一二月二三日、政府は突如、参議院内閣委員会理事会で「六〇番台が官邸や与党枠」と回答した。

招待者については、明らかに反社会的勢力の人物と思われる男性が「桜を見る会二〇一九　招待していただきました」とのメッセージ付きで菅官房長官と笑顔で握手する写真をツイッター上に投稿していたことも問題となった。このツイッターには「平成三一年　桜を見る会」と記された記章が男性と思われるスーツの胸についている画像もあった。しかし、警察庁は反社会的勢力の人物が桜を見る会に招待されていたかもしれないという問題について「名簿の提出を受けていないので分からない」と解明には消極的であった。

桜を見る会問題は、公的行事が私物化され、国民全体のために使われるべき税金が、特定の政治家の支援者をもてなすために使われたという点が問題である。さらに、「各界において功績、功労のあった方々を招き日頃の労苦を慰労するため」に開催している公的行事に、マルチ商法をおこなっている会社の会長や反社会的勢力の人物など、その場にふさわしくない人物が招かれている可能性があるという点も問題である。

だが、この問題に対する政治家たちの罪の意識は低い。たとえば、自民党の二階俊博幹事長は一一月一二日の記者会見で次のように語っている。「誰でも議員は、選挙区の皆さんに機会あるごとに、できるだけのことを呼びかけて参加いただくことに配慮するのは当然だ」「(議員枠が) あったって別にいいんじゃないですか。何か特別問題になることがありますか」

桜を見る会問題は、二〇二〇年二月に入ってから与野党ともにコロナウイルスの対策に追われるようになり、このままでは森友学園問題・加計学園問題と同じようにうやむやなまま、幕引きがはかられる可能性が高い。

黒川弘務東京高検検事長の定年延長をめぐる疑惑

二〇一九年一月、東京高検検事長に就任した黒川弘務は、法務省官房長、事務次官として長く安倍内閣に仕え、共謀罪の創設に貢献した。そのため、官邸の信頼は高く、官邸は黒川検事総長の誕生を望んでいると噂された。現に東京高検検事長は次の検事総長が約束されたポストである。ただし、検事総長の定年は六五歳、検事長の定年は六三歳である。黒川が次の検事総長になるには検事総長が退任するときに検事長の定年を迎えていない必要がある。しかし、稲田伸夫検事総長は二〇二〇年七月に就任二年を迎え、近年の検事総長は二年ほどで交代しているので、そのころに交代すると見られているのに対し、黒川検事長は二〇二〇年二月八日に定年を迎える。そのため、黒川検事総長の誕生は困難と法務省内では見られていたが、二〇二〇年一月三一日、安倍内閣は黒川検事長の定年を半年延長すると閣議決定した。

二月一〇日、立憲民主党の山尾志桜里議員（後に立憲民主党を離党）は衆議院予算委員会で、定年や定年延長を導入する国家公務員法改正案が審議された、一九八一年に当時の人事院任用局長が、当時から定年制があった検察官や大学教員には適用されないと答弁していたことを明らかにし、国家公務員法を根拠にした黒川検事長の定年延長は違法だと指摘した。二月一二日、人事院給与局長は一九八一年の政府答弁について「現在まで同じ解釈を続けている」と答弁した。

しかし、翌日、安倍首相が「今般、国家公務員法の規定が適用されると解釈することにした」と答弁すると、人事院給与局長は安倍首相の答弁に合わせるかのように、一九日に自らの答弁を撤回した。

その後、政府は国家公務員の定年を延長する国家公務員法改正案などと抱き合わせる形で、検察庁法改正案を提出した。この法案では、検察官の定年を段階的に引き上げる一方で、六三歳になると検察幹部に就けなくなる「役職定年」制度を導入し、次長検事・検事長は内閣が、検事正は法相が認めれば役職定年の延長を可能とした。

野党側は「法案は黒川検事長の定年延長を事後的に正当化するもの」と反発したが、五月八日、衆議院内閣委員会で与党が実質的な法案の審議開始を強行した。すると、翌日夜以降、ツイッター上で芸能人など著名人から「人事や捜査への政治介入を招く」として検察庁法改正案に抗議する投稿が相次ぎ、五月一一日午後八時すぎには六八〇万件を超えた(2)。朝日新聞の世論調査では検察庁法改正案に対する反対は六四％に達し、内閣支持率は三三％に低下した(3)。検察ＯＢからも反対の声があがり、五月一五日には、松尾邦弘元検事総長ら検察ＯＢ一四人が法務省に改正案反対の意見書を提出し、同月一八日には、元特捜検事ら三八人が法改正の再考を求める意見書を法務省に提出した。同日、世論の反発の大きさを見た政府は検察庁法改正案を継続審議とすることに決めた。

肝心の黒川検事長は五月二〇日、『週刊文春』(電子版)において、報道機関関係者と賭け麻雀をおこなっていたことが報じられ、翌日、安倍首相あてに辞職願を提出した。

検事総長人事まで政権が自由にできるとするならば、検察組織までもが政権に忖度し、政権に都合の悪い捜査を行わなくなり、司法権の独立が侵される可能性がある。政府が検察人事にどのような影響を与えるか、今後も注視する必要がある。

法治主義のゆくえ

この章でとりあげた四つの疑惑が完全に解明されていない以上、安倍首相が自分に近しい人間に便宜を図ったとは言い切れず、日本が人治主義の国となったと断罪することはできない。

しかし、本章で取り上げた四つの疑惑のうち三つの疑惑で、主権者たる国民が統治のあり方を検証するのに必要な公的文書がいとも簡単に改ざんされたり、廃棄されたり、隠蔽されたりしているということに注意する必要がある。それは我が国が法治主義の国であり続けているのか、それとも人治主義の国に転落してしまったのかを完全に検証することができないという意味において、非常に重大な問題をはらんでいると言わざるを得ない。

1　朝日新聞取材班・二〇一八『権力の「背信」「森友・加計学園問題」スクープの現場』朝日新聞出版、一二二頁。
2　『朝日新聞』二〇二〇年五月一二日付朝刊。
3　『朝日新聞』二〇二〇年五月一八日付朝刊。

引用・参考文献

朝日新聞取材班・二〇一八『権力の「背信」「森友・加計学園問題」スクープの現場』朝日新聞出版。

毎日新聞「桜を見る会」取材班・二〇二〇『汚れた桜「桜を見る会」疑惑に迫った四九日』毎日新聞出版。

森功・二〇一九『官邸官僚　安倍一強を支えた側近政治の罪』文藝春秋。

第一〇章 国家の融解

「国家の融解」とは、聞き慣れない語彙であるが、最近の日本の政治を眺めていると、この用語が相応しいような思いになる。現代日本国家は日本国憲法の下、立法（憲法第四章国会）・行政（第五章内閣）・司法（第六章）という骨組のしっかりした三つの機構によって構成されている。高校の社会科教科書、たとえば、『高等学校　改訂版　現代社会』（第一学習社、二〇一九年発行）では、「日本国憲法は、主権（国政の最高決定権）が国民にあることを定め、国民の基本的人権を保障するとともに、法の支配の下で政治をおこなうために、立法・行政・司法の三権分立のしくみを採用している。」と説いている。なお、別のところでは、「大統領制は、議院内閣制に比べて、三権分立が強く貫かれているのが特色で」あると、モンテスキュー（一六八九～一七五五）『法の精神』（一七四八）を踏まえて、議院内閣制はアメリカの大統領制ほど三権分立が徹底していないと述べている。

ただ、モンテスキューは、「同一の人間あるいは同一の役職者団体において立法権力と執行権力とが結合されるとき、自由は全く存在しない。（中略）裁判権力が立法権力や執行権力と分離されていなければ、自由はやはり存在しない。（中略）もしも同一の人間、または、貴族もしくは人民の有力者の同一の団体が、これら三つの権力、すなわち、法律を作る権力、公的な決定を執行する権力、犯罪や個人間の紛争を裁判する権力を行使するならば、すべては失われるであろう。」（モンテスキュー・一九九二、二九一～二九二頁）とも述べている。第五章「国会審議の形骸化――日本の議院内閣制」で、政権と政権党との一元化・一体化を論じたが、これは政権と国会との一体化とは異なる。国会は政権党と反対党とで構成されるのであり、内閣が国会と行政を「結合させるハイフン」（バジョット）ではあるが、内閣により「立法権力と執行権力とが結合される」のと同一であるわけではない。

また、二〇二〇年五月には、「検察庁法」を改正して、定年を延長するとともに、「内閣や法相が必要とすれば、検事総長や次長検事らが最長三年とどまれる特例があり、政権の都合のよい幹部だけを残す恣意的な運用ができる恐れがあると指摘されていた」（『朝日新聞』二〇二〇年五月一九日朝刊）事例が起こり、新聞の見出しを並べれば、「検察庁法　今国会断念」「政府、世論の反発受け」「定年特例撤回せず継続審議」ということになった（同右、最終的には廃案となった）。この特例は「裁判権力が（中略）執行権力と分離されている」といえるのだろうか。

本章は日本の議院内閣制の現状が、まさしくモンテスキューのいう「結合」された状態で「自由」のないものになっているのか否かを考察する。表題の「融解」とは化学で「固体が液体になる」ことを意味するが、この語を使用したのは、国家を構成する「三権」という固い三つの骨組が揃って機能不全に陥り、溶け出して国家を支えられなくなっていることを比喩的に表現するためである。以前に、「行政機構が融解している」（松下・一九九四、三三三頁）とか「国家主権の融解」（飯尾・二〇〇七、二二五頁）と表現した政治学者もいた。飯尾は国家主権が国際化と地方分権化により、言い換えれば、国家が国家の外から「融解」していると説くものであり、本稿は国家が国家の内から「融解」していると論ずるものである。また、「国家の私物化」(中野・二〇一八、三頁、毎日・二〇二〇、七七頁)と論じられることもあるが、「私物化」の基にあるのが国家機構の「融解」であると考える。

一九九〇年代の政治・行政改革によって「官僚内閣制から議院内閣制へ」(飯尾・二〇〇七、副題)変わったといわれる。飯尾著の趣旨を利用すれば、改革の要点は政治の方向性を定める「権力核」が生まれ、権力核の民主的統制としての政権選択がおこなわれ、政策の首尾一貫性が確保されることであり、これを実現するのが、「衆議院総選挙における政権選択選挙の実現と、内閣総理大臣(首相)の強化である」(同右、一八二頁)という。また、政治学者の山口二郎は「内閣の政治化」が必要であるとして、そうなれば「政治と行政の接触面は、国会と官僚機構、自民党本部と官僚組織の間ではなく、政治家が構成する内閣と官僚機構という内閣の中に発生することになる」(山口・二〇〇七、一七六頁)という。行政学者の新藤宗幸は「政治主導」を論じて、政治主導の確立には「政治家とりわけ政権を奪取した政権党リーダーに問われるのは、たかい「政治的倫理性」である。これは政治とカネといったレベルの問題ではなく、政治変革に向けて意思と意欲を持続することである」(新藤・二〇一二、一九七頁)と述べている。

一九九〇年代の政治・行政改革以後、実際に、二〇〇一年に小泉純一郎内閣が発足して首相の権限強化が実行され、二〇〇九年には民主党連立政権が誕生して政権交代が実現している。その後、二〇一二年に自民党が政権に復帰して今日に至るのである。ここで「国家の融解」として論じようとするのは、二〇一二年の第二次安倍晋三政権以降の出来事である。

立法部の融解

立法部の融解とは国会が機能不全に陥っていることである。国会が委員会中心主義で審議が質疑応答に終始し、与党は事前審査制により国会から「退出」（野中・二〇一九、二三四頁）している状況は第五章で述べたところであるが、近年起こっている現象をいくつか例示する。

まず、憲法第五三条に「内閣は、国会の臨時会の召集を決定することができる。いずれかの議院の総議員の四分の一以上の要求があれば、内閣は、その召集を決定しなければならない」との規定があるにもかかわらず、期限の定めがないことを利用して、開会を三カ月余り引き延ばし、いざ開会すると審議をする前、召集の当日に国会の解散をおこなうという事例があった（二〇一八年九月。この件に関して、二〇二〇年六月一〇日那覇地裁は、「内閣は召集すべき法的な義務を負い履行しなければ『違憲』とされる場合もある」との判断を示したと『朝日新聞』〈六月一一日朝刊〉が報じている）。この解散は憲法第六九条ではなく第七条によるもので、先に第五章で触れたようにこれ自体の是非もあるのであるが、それはここでは問わないことにする。ここでの問題は、内閣が臨時国会の開催という国会の意思をないがしろにしている点である。また、野党が予算委員会の集中審議を開いて首相の出席を求めることがあっても与党が開催を拒否することや、首相が「国会がお決めになれば従う」（たとえば、毎日・二〇二〇、一二〇～一二二頁）

というが、与党が賛成しないので決められない、ということが生じる。これは国会の運営が多数党（与党）の意思で決められるというルールの下では当然のこと、あるいは、やむを得ないことかもしれないが、ここで問われているのは、国会の果たすべき役割とは何かということであり、自らの職責に対する見識ということになろう。

次に、質疑応答が成り立たない、質問に答えない、論点をずらし、はぐらかすことが横行している事例を挙げる。これは「ご飯論法」と名付けられ、ツイッターという通信手段によって人口に膾炙することとなった。上西充子により拡散された次の架空の問答は、野党と政府との間で、

Q：「朝ごはんは食べなかったんですか？」

A：「ご飯は食べませんでした（パンは食べましたが、それは黙っておきます）」

Q：「何も食べなかったんですね？」

A：「何も、と聞かれましても、どこまでを食事の範囲に入れるかは、必ずしも明確ではありませんので……」

というやりとりが延々と続き、いたずらに時間が経過するのみで質疑が深まらない事態が生じているというのである。「ご飯論法」論は二〇一八年の加藤勝信厚生労働省大臣の答弁から生まれている。

また、野党の質問に政府が「お答えは差し控える」という答弁回避の回答が野田佳彦政権の二〇一二年一〇五回（国会会期は計二四八日）と比べて、二〇一九年（同二二二日）には年間四〇〇回を超える（第二次安倍政権発足の一三年〈同二一一日〉には一六四回）ということが報告されている（毎日・二〇二〇、二二一頁）。

さらに、二〇二〇年の衆議院・参議院の予算委員会八日間で、首相が野党の質問に「何回も答弁しているが」「従来回答しているが」などと答え、回答が深められず繰り返しになっているのが一一二回に上ったことが『朝日新聞』で報告されている（二〇二〇年二月六日朝刊）。さらには、後に触れる検察官の定年延長を容認する検察庁法の解釈変更に関して、菅義偉官房長官が記者会見で、「法令解釈変更の周知について『国民生活などへの直接の影響の有無や影響の程度などを総合的に勘案して判断される』と説明し、検察庁法などの解釈変更は『検察官の人事制度に関わる事柄』であり、『必ずしも周知の必要はないと考えていたところだ』と述べた」と報じられた（『毎日新聞』二〇二〇年五月二一日、会員限定有料記事）。この件に関して、「政府による解釈変更だけで過去の国会答弁を覆し、公表さえしないという手法を許せば、国会は首相官邸主導で進む行政の「独走」に歯止めをかけられなくなる。解釈変更の内容だけではなく、秘密裏に解釈変更を進めた手続きの妥当性についても、「国権の最高機関」たる国会での論議が求められている」（同右）のである。

こうしたことから、国会が行政を監視するという機能を果たしているとはいえず、「言論の府」としての存在意義が問われざるを得まい。融解と呼ぶ所以である。

行政の融解

二番目に行政を取り上げる。

まず、長年の政府解釈を憲法違反の疑いのある解釈に変更したことが挙げられる。この解釈変更を実現するために内閣法制局長官人事に介入することもおこなっている。それは二〇一四年の集団的自衛権をめぐる憲法解釈の変更である。それ以前には防衛省のホームページにも、「憲法と自衛権」として、「憲法第九条の下において許容されている自衛権の行使は、わが国を防衛するため必要最小限度の範囲にとどまるべきものであり、他国に加えられた武力攻撃を実力をもって阻止することを内容とする集団的自衛権の行使は、これを超えるものであって、憲法上許されないと考えています。」とあったのである。これを変更するには、政府部内において、憲法・法律解釈の権限と拘束力をもつ「有権解釈者」としての内閣法制局――「法の番人」と呼ばれる――の同意が必要であり、その同意を取り付けるために長官という高位者を取り込んだのである。内部からの昇格者ではなく、外務省から解釈変更を持論とする者を呼び寄せた人事であった。この人事は「異例の人事」ではあるが、内閣の許容範囲内（国家公務員法第五五条）のことであったといえる。しかしまぎれもなく、人事権の行使による「内閣の政治化」の一例である。

次に、行政官僚が政府を慮り、政府の意向に沿う決定をおこなう忖度について考える。一般に政治家が個人や団体や業界といった支援者に便宜を図ることは政治活動の一環とみなされ、政治家の裁量であろう。官僚がそれに一枚咬んでことがおこなわれることもあるであろう。だが、それが法に触れれば贈収賄罪などで罰せられる。「忖度」とは辞書的な意味としては「他人の気持ちをおしはかる」ことであり、中国の古典やわが国の平安時代にも用例があるようであるが、近年の用法は下位者が上位者に対しての場面に特化して使用されるものとなっている。つまり、行政の担当者あるいは行政全体が、政府首脳、即ち首相や官房長官に対して忖度するというのが典型となる。いわゆる「モリカケ問題」（第九章他参照）がこれに当たる。

「忖度」という語が多用されるようになったのは森友学園の理事長・籠池泰典が記者会見で用いたのがきっかけであるようだが、そもそもは、一四年に内閣人事局が内閣官房に設置され、「審議官以上の幹部職六〇〇人の人事」を官邸が掌握するようになり、幹部職が首相や官邸の「ご意向」を「忖度」するようになったからである。

政治学者の野口雅弘は、さらに付け加えて、「突っ込まれないための『官僚答弁』で国会の審議をすり抜け、かつてはもっと激しくなされていた自民党内の『政調会』や『総務会』などでの議論も『官邸主導』のため盛り上がらず、官邸内でも『忖度』の論理がはびこれば、それらは相互に絡み合いながら、脱政治化を深めていく。政策をめぐる論争が低調になればなるほど、『忖度』や『コミュ力』（その場の空気を読むコミュニケーション能力）の比重が大きくなる。」（野口・二〇一八、二四五頁）、また、「古くから存在した『忖度』という言葉が最近になって注目されるようになったのには理由がある。政策論争が回避されるなかで、論争能力を発揮し、それによって評価される機会が少なくなり、その分だけ、権力との『近さ』や権力との関係のよさ、あるいはもっとわかりやすくいえば、『おともだち』であることの比重が大きくなってきた。」（同右、二四八頁）と、「忖度」の背景となる基盤を説明している。この「近さ」「おともだち」がそのまま現れた事例がある。

二〇一七年二月学校法人森友学園への国有地格安売却問題で、安倍首相が「私や妻が関係していたということになれば、首相も国会議員も辞める」と衆議院予算委員会（二月一七日）で述べたのをきっかけとして、「私や妻が関係して」いないことを証明するために、財務省理財局・近畿財務局が総力をあげたのである。問題の発端は、森友学園が運営する幼稚園が、園児に「教育勅語」を暗唱させる教育方針に安倍昭恵首相夫人が共鳴し、学園が小学校設立を計画したとき、夫人が名誉校長に同意しているという、「近さ」「おともだち」であったとしてよいであろう。夫人の「働き」の痕跡を消すために、挙げ句の果てには、公文書改竄にまで及んでいる。官僚の文書改竄については第七章「文書管理の現場」で論じている。

同年五月には岡山理科大学獣医学部新設計画をめぐる問題が発覚した。文部科学省は一九六六年以降獣医学部の新設を認めてこなかったが、二〇一三年国家戦略特別区域が制度化され、二〇一七年一月内閣府が京都府・京都産業大学のプランを押しのけて、今治市・加計学園を選定した。安倍首相と加計学園の加計孝太郎が「腹心の友」であり、安倍自身が友に対して直接便宜を図ったかの疑惑もあり、それと同時に、官僚が忖度して加計学園に決定されるよう無理を重ねて取り計ったのではないかという疑惑がもたれたのである。五月一七日、「文部科学省が、特区を担当する内閣府から『官邸の最高レベルが言っている』『総理のご意向だと聞いている』などと言われたとする記録を文書にしていた」とする『朝日新聞』記事が出された。ここでも、「近さ」「おともだち」が問題のキーワードとして登場するのである。

さらに、首相が主催する「桜を見る会」招待者にもこれが当てはまる。この「桜を見る会」は一九五二年から例年四月に新宿御苑で、「各界において功績、功労のあった方々を招き日頃の労苦を慰労するため」に公的行事として（税金を使って）開かれている。約一万人が招待されてきたものが、第二次安倍政権以降で増え続け、二〇一九年には一万八千人を超え、費用も当初予算を大幅に超過しておこなわれてきている。この会計の問題のほかに、「功績、功労」と無関係に首相をはじめとして政治家の支援者・関係者の招待、安倍昭恵夫人の関与（招待者の推薦、夫人と親しい業者への発注）、招待者名簿・公文書の管理、桜を見る会前夜祭、が問題として浮上した。文書の問題は第七章で取り上げたが、安倍首相の支援者・関係者の招待、安倍昭恵夫人の関与は、「近さ」「おともだち」問題の典型例である。同じ性質の事柄が繰り返し生じているのである。ここでの高級官僚の役割は、野党やマスコミの疑惑解明の声をできるかぎり小さくし、そらす「コミュ力」の発揮といえるだろう。このように行政も融解しているのである。

司法の融解

三権の三つ目として司法を取り上げる。

日本国憲法は第七六条で司法権を規定し、裁判官については「その良心に従ひ独立してその職権を行ひ」とする。文字としては「司法権の独立」はなく、「裁判官の独立」を規定している。「司法権の独立」という語彙はないが、「すべて司法権は……裁判所に属する」「行政機関は、終審として裁判を行ふことができない」としているので、司法が行政と異なるということで、「独立」を意味しているといえよう。ただ、司法の最上位にある最高裁判所は、その長たる裁判官は内閣の指名により天皇が任命し、それ以外は内閣が任命するのであり（第六条、第七九条）、下級裁判所の裁判官は、最高裁判所が指名し、内閣が任命するのである（第八〇条）。したがって、司法は内閣の指名・任命権の下にあることになる。制度としては、内閣は人事権を行使することで司法（最高裁判所）をコントロールすることが可能なのである。ちなみに、厳密な三権分立制であるとされるアメリカ合衆国でも、最高裁判所の長官と判事は大統領が指名し、上院の助言・同意により大統領が任命する仕組みになっている。このように独立（分立）した骨組としてはもともと弱いと思われる司法が融解しているとはどういうことなのか。

大きな政治的影響をもたらす司法行為として、裁判所の「統治行為論」、法務大臣の指揮権発動、検察の「国策捜査」、内閣の人事介入が挙げられる。「統治行為論」とは、「一般に、『直接国家統治の基本に関する高度に政治性のある国家行為』で、法律上の争訟として裁判所による法律的な判断が理論的には可能であるのに、事柄の性質上、司法審査の対象から除外される行為」（芦部・一九九三、二六〇頁）をいう。代表的な例として、砂川事件、長沼ナイキ基地訴訟、百里基地訴訟などの自衛隊違憲訴訟が挙げられる。

法務大臣の指揮権発動とは、「検察庁法」に「法務大臣は（中略）個々の事件の取調又は処分については、検事総長のみを指揮することができる」（第一四条）とあることを指す。これは、検察が独善的な行動をとらないように政治が制御しようとするものとされるが、一九五四年の造船疑獄で発動され、与党自由党の佐藤栄作幹事長への収賄容疑の逮捕請求が延期された。これは政治の力を使って捜査を抑え付けようという指揮権発動であった。検事総長への指揮権は捜査のブレーキにもアクセルにも使えるが、アクセルには逆指揮権発動という言い方があるように、政治が検察を抑制するのが指揮権だという理解が一般的のようだ。

「国策捜査」は、「特捜検察が政治や世論に背を押されるかのように突き進んだ結果から生まれた歪んだ捜査の一形態」（青木・二〇〇八、「はじめに」）といえる。これは法律用語ではなく、検察を批判する場面で専ら用いられるが、はじめは検察が「国を背負って、自負心を持って捜査する」ということから肯定的に名付けたもので、広く知られるようになったのは佐藤優『国家の罠』のなかで担当検事が使用したのが紹介され、これがベストセラーになってからである（佐藤優・二〇〇五、二一八頁）。

以上の例は、司法の在り様の問題として大きな批判にさらされているものであるが、さらに次の事例が加えられる。二〇二〇年一月三一日、閣議で東京高検の検事長・黒川弘務の定年延長を決めた件がそれである。検察庁法で検事総長の定年は六五歳、その他の検事は六三歳と決まっている（第二二条）。これを、国家公務員法を適用して延長を決めたというのだが、人事院は一九八一年の国家公務員法改正における定年延長規定は「検察官には適用されない」と答弁していた。また、「特別法は一般法を破る」ので、検察庁法が国家公務員法よりも優先するのである。二月一二日、人事院は従来の解釈を維持していると国会で答弁したのだが、首相が翌日衆議院本会議で解釈を変更したと表明すると、官僚の混迷が始まる。一九日には一二日に答弁した当人が前言を撤回し、「つい言い間違えた」

と弁解する。以後、首相発言との辻褄合わせが法務省・人事院で起こる。「モリカケ問題」と同じ、「忖度」である。また、なぜその人物を定年延長させたいのかをみると、政府首脳との「近さ」が浮上することも共通点である。この人物を次期検事総長に据えようという思惑が見て取れると野党は主張した。内閣の人事権は行政組織の検察庁にも及ぶのであるが、「特別法は一般法を破る」という法理を破壊し、合理的な説明のないまま従来の解釈を変更することは、国家が法律によって運営されているという「法の支配」を揺るがすものといわざるを得ない。司法の融解であり、国家の融解であろう（また、この解釈変更による人事決定が文書に拠らず、口頭決裁であったことは、第七章「文書管理の現場」で論じたように官僚制の大原則である「文書主義」を踏みにじるものである）。検察庁法改正に関して、衆議院内閣委員会での審議が進むと、「#検察庁法に抗議します」というツイッター上の投稿が数百万を超え、検察庁ＯＢ、検察庁特捜ＯＢが五月一五日、一八日に反対の意見書を法務大臣に提出した。検察庁ＯＢ一四人の「検察庁法改正案反対意見書」（『東京新聞』二〇二〇年五月一六日）には、先に触れた、安倍首相が二月一三日衆議院本会議で解釈を変更したと表明したことに対して、「これは、本来国会の権限である法律改正の手続きを経ずに内閣による解釈だけで法律の解釈運用を変更したという宣言であって、フランスの絶対王政を確立し君臨したルイ一四世の言葉として伝えられる『朕は国家である』との中世の亡霊のような言葉をほうふつとさせるような姿勢であり、近代国家の基本理念である三権分立主義の否定にもつながりかねない危険性を含んでいる。」と言明されている。この改正案は東京高検検事長・黒川弘務の麻雀賭博が週刊誌に報じられ、黒川が辞任したこともあってか、廃案となった。

メディアの融解

国家を成り立たせている三権について論じてきたが、「第四の権力」と呼ばれるマスコミ（メディア）と政治についても触れておこう。メディアは情報伝達と世論形成の二つの機能をもつとされる。権力を監視するwatchdogとして「第四の権力」と呼ぶことがある。

安倍政権とマスコミについては、まず、NHKの人事に関するものがある。二〇一三年一一月、第二次安倍政権は、発足した翌月、NHK会長の任命権を持つ経営委員に新たに「おともだち」四人を衆参両院で同意を得て選任する（永田・二〇一四、二頁）。翌年に会長になった籾井勝人は「政府が右ということを左というわけにはいかない」（『朝日新聞』二〇一四年一月二六日朝刊）と就任記者会見で発言している。こうした安倍政権に「近い」「おともだち」が経営陣となっている。これも人事権の行使による「内閣の政治化」の一例であろう。

次に、安倍政権は二〇一四年一一月にはニュース番組で自分の政策に批判的な意見ばかりを選んで放送していると批判し、直後の衆議院解散に際しては、自民党から各テレビ局に公正・中立を求める文書を送っている（『朝日新聞』一一月二八日朝刊）。また、二〇一六年二月、総務大臣高市早苗は国会で「放送局が政治的な公平性を欠く放送を繰り返したと判断した場合、放送法四条違反を理由に、電波法七六条にもとづいて電波停止を命じる可能性に言及した」（『朝日新聞』二月九日朝刊）と報道された。

さらに、官房長官の定例記者会見における『東京新聞』望月衣塑子記者の質問制限問題（毎日・

二〇二〇、二一六頁、望月・二〇一七、一八三頁以下）や首相が直接国民に話しかける記者会見を回避しようとする問題もある。安倍首相の単独記者会見は「年頭、通常国会閉会後、主要国首脳会議（サミット）など主要外交交渉の前後、臨時国会閉会後―など、年に数回しかない」（毎日・二〇二〇、一九五頁）という。しかも、二〇一九年一二月九日、臨時国会会期末の記者会見や二〇二〇年二月二九日の新型コロナ感染拡大対策についての緊急記者会見では、質問と回答が事前に用意され、それ以外の質問者は指名されず閉会となっている（毎日・二〇二〇、二〇五頁、『朝日新聞』二〇二〇年三月一日朝刊）。なお、これを初めとして感染拡大以降の約二カ月間で六回、安倍首相は記者会見に臨んだ。つまり、「緊急事態」ということで記者会見の回数は増えたのだが、五月四日の六回目の会見は、「プロンプター（透明画面に文字を写し出す装置）の原稿を冒頭で延々と読み上げるスタイルは過去五回と同じ」（『毎日新聞』二〇二〇年五月五日、会員限定有料記事）と評されている。

政治権力を批判的に注視するという「第四の権力」も機能不全を起こしているといわざるを得ない。

国家の融解

一九九〇年代の政治・行政改革の行き着いた現状がこれである。官僚主導を政治主導に変え、従来の官僚内閣制が、憲法の規定するあるべき議院内閣制が実現したというべきであろう。だが、首相の権限強化と政権選択選挙の実現というセット（飯尾）は後者の実現見込みが希薄になることで官僚の政権への忖度が肥大化・常態化し、「九〇年代以降に徐々に起こった求心的内閣統治」（山口・

二〇〇七、二二四頁）は人事権の専横化をもたらし、為政者の「政治的倫理性」（新藤）は「おともだち」優遇の情実政治に堕し、政治主導は政権主導・官邸主導・政治家主導になってしまっているのではないか。また、行政学者の西尾勝は、「『政治主導』とは、政治家主導や与党主導のことであってはならず、内閣主導のことでなければならない」（西尾・二〇〇一、九七頁）というのだが、現状を「内閣主導」と認定できるであろうか。こうした現状はモンテスキューの「もしも同一の人間、または、貴族もしくは人民の有力者の同一の団体が、これら三つの権力、すなわち、法律を作る権力、公的な決定を執行する権力、犯罪や個人間の紛争を裁判する権力を行使するならば、すべては失われるであろう」（前掲）に当てはまる事態ではないのだろうか。安倍首相は国会で「私は立法府の長」（参議院決算委員会、二〇一六年五月二三日、足立信也の発言から。安倍は「もしかしたら言い間違えたかもしれません」と答弁。「国会会議録検索システム」による）、「（憲法解釈の）最高の責任者は私だ」〔この発言は文脈上は行政府の中では、という意味である〕（『朝日新聞』二〇一四年二月一四日朝刊）と発言しているのは、自ら三権を保持していることを認めるものであり、モンテスキューの危惧をそのまま体現しているものといえる。政治学者の斉藤純一は次のように警告を発している。

「野党の無力化、批判的なメディアへの攻撃、際限のない〔首相の〕任期延長……。何がそうした政治を許してしまうのか。この国で民主主義が『選挙独裁』を導く装置に堕さないようにするためにも、首相の解散権、官僚に対する人事権、そして選挙制度を含めて点検し直す必要があるだろう。」（『朝日新聞』二〇一九年一二月五日朝刊）

また、「『桜を見る会』をめぐる問題は、民主的な統制よりも強いリーダーシップを優先すると政治がどうなるかを示唆している。」とも述べている（野口も現状を「選挙独裁」と評している〈野口・二〇一八、二一一頁〉）。

憲法学者の蟻川恒正は「憲法を考える その国の七年半」という一文を『朝日新聞』に寄稿して（二〇二〇年五月二日朝刊）、次のように論じている。

「政権中枢についていえば、先の両例（本稿でも論じた、集団的自衛権の行使を内閣法制局長官の人事を使って解釈変更したことと、検察官の定年延長を従来の解釈を変更して閣議決定したこと――引用者補）でのその振る舞いを、法律制定権はもとより憲法改正権までをも手中に収めたかのごとき、首相の高揚した全能感の発露と見ることは、この政権の本質を見誤らせる。真相はむしろその逆であり、憲法改正はおろか検察庁法改正さえ容易ならぬと見て、裏道を選んだのである。目的を達するのに必要な法制定を待たずに抜け道を探る現政権中枢は、（その頂点にある者が時に自らに用いる「立法府の長」という誤称が連想させる万能の立法者とは対極の）脱法行為さえ厭わない政略家の集団に近い。」

本稿は安倍政権で表面化した様々な事象を追うのみで、「真相」まで論が及んでいないのであるが、「政略家」が国家を蹂躙し、法秩序を破壊している現状は「国家の融解」と呼べるであろう。「検察庁法改正」は二〇二〇年六月、提出された法案は決定には至らず、一頓挫している。

立法・行政・司法という三権がそれぞれの権力を適切に発揮してこそ、国家という機構が主権者の信託に答えることになるのであるが、現状は日本国憲法という文字の中でしか発揮されていないのではなかろうか。

引用・参考文献

青木理・二〇〇八『国策捜査』金曜日。

芦部信喜・一九九三『憲法』岩波書店。

飯尾潤・二〇〇七『日本の統治構造――官僚内閣制から議院内閣制へ』中公新書。

新藤宗幸・二〇一二『政治主導――官僚制を問いなおす』ちくま新書。

佐藤優・二〇〇五『国家の罠――外務省のラスプーチンと呼ばれて』新潮社。

永田浩三・二〇一四『NHKと政治権力――番組改編事件当事者の証言』岩波現代文庫。

中野晃一・二〇一八『私物化される国家』角川新書。

西尾勝・二〇〇一『行政学 新版』有斐閣。

野口雅弘・二〇一八『忖度と官僚制の政治学』青土社。

野中尚人・二〇一九、「戦後日本における国会合理化の起源とその帰結――比較から見た国会政治とその変則性の解剖」、佐々木毅編『比較議院内閣制論――政府立法・予算から見た先進民主国と日本』岩波書店。

毎日新聞「桜を見る会」取材班・二〇二〇『汚れた桜「桜を見る会」疑惑に迫った四九日』毎日新聞出版。

松下圭一・一九九四『戦後政治の歴史と思想』ちくま学芸文庫。

望月衣塑子・二〇一七『新聞記者』角川新書。

モンテスキュー・一九九二『法の精神（上）』岩波文庫。

山口二郎・二〇〇七『内閣制度 行政学叢書 六』東京大学出版会。

終章　安倍政権をみるもうひとつの眼

「軽視」するという特徴

「はじめに」においても指摘したように、安倍内閣の特質のひとつは、人類の、といっておおげさであれば、日本のこれまでの歴史の蓄積のうえに築き挙げられたさまざまな英知や制度や法律（憲法）を軽視している点である。それは、歴史の軽視ともいってよいものである。否、内閣の特質というよりも、安倍首相のもつ「体質」というべきであろうか。法学部政治学科出身のようであるが、これまでの政治学の知見への敬意は日々の言動から感じることはない。

国会での答弁を軽視、憲法にある規定を軽視し、政治学に限らず学問の知見を軽視し、野党と議論（交渉）することを軽視……と挙げていけば少なくない例がある。「責任者は私なんです」という自覚の下、多くのことを自分と側近の判断で決めていると報道されている。

実態としては官僚のレクが入り、信頼している官僚のいう通りに動いているという側面もあるのであろう。また、自民党の支持率と選挙結果との乖離については、第六章等で選挙制度改革にも要因があると論じられているとおりである。これらの安倍内閣に関連する諸問題は、連続七年半という長期政権であるがゆえに表面化、顕在化したとばかりはいえないものであり、安倍首相が首相として本来持つべき資質に欠けていることを表しているように思う。

世論調査にみる安倍内閣不支持理由

毎月中旬に実施されているNHK世論調査（RDD方式＝電話による調査）では、「内閣を支持するか、しないか」のほかに支持理由、不支持理由もきいている。調査にあらわれた最近の安倍内閣の不支持理由を掘り下げてみたい。

二〇一八年一月から二〇年六月までに二九回の調査が実施された（台風接近のため、一九年一〇月の調査は中止された。また、一九年七月の調査では、参議院議員選挙直前のためと思われるが、支持・不支持理由の公表がない。質問そのものをしていない可能性もある）。

これらの調査において安倍内閣不支持理由で、「人柄が信頼できないから」が最も多かった回が、二八回のうち、実に二七回を占めている（そのうち一回〈二〇一八年一二月〉は「政策に期待が持てないから」と同ポイントで一位）。とくに、二〇一八年七月には五四％、同年七月には五一％と過半数をこえている。この二回を含め、二八回のうち、四五％以上が「人柄が信頼できないから」と解答している回が九度もある。国民の多くではなく、安倍内閣を支持しないと答えた者のうちのパーセンテージであることに注意を要するものの、少ないとはいえない数であろう。

一般的には、「人柄が信頼できない」というのは、一度も会ったことがない人に対して発する言葉ではないと思われる。しかしながら、公人としての宿命として始終注目され「監視」されている首相としては仕方がないものとしよう（NHKのこの質問は、安倍内閣以前からずっとされているものである）。

「人柄が信用できないのはどのような理由によりますか」という質問はされていないが、私なりの分析では以下のようになる。まず、日々の国会答弁や記者会見で、本当のことを言っていないような印象を与えていることが大きいと思われる。官僚が用意した無味乾燥な答弁案をただ読んでいるだけであったり、状況から明らかに虚偽だと思われるような答弁を繰り返していたり、と誠実さが感じられないのである。逆に、自分の言葉で話すときには、滑舌が良いとはいえないことも手伝って、内容が浅薄な印象を与えている。また、不要な修飾語や大げさな形容も頻繁にある。

さらに、感情の起伏が激しく、ときにヤジを発したり（please have a brake 2 一〇七頁を参照）、不安げにまばたきしたりと、重量感がないこともある。閣議前の場面や外交の場での不要な微笑み（ジャパニーズ・スマイル）もその一因ではないか。

支持する理由をみても、常に「他の内閣より良さそうだから」や「支持する政党の内閣だから」が上位を占め、安倍首相個人の魅力を挙げる者は少ない。政策実行力を高く評価する「実行力があるから」を挙げる者は、多くの調査において下位となっている。

長期政権による諸側面での劣化は、これらの有権者の判断（印象）が的確であることを示すものでもある。

では、これだけの問題点を抱えていると思われる安倍内閣の支持率は、なぜ下がらないのだろうか、という疑問が出てくるのも当然である（第三章を参照）。また、なぜ安倍首相は様々な問題点を持ちつつも権力を行使し続けられるのか。また、ますます安倍首相の権力（の恣意的運用の機会）が拡大しているようにみえるのはなぜなのか（第一章を参照）。これらの疑問にひとつの有力な解答を提示しているふたりの政治学者の見解を紹介しよう。

支持率が低下しても回復する内閣

安倍内閣の支持率は、二〇一三年の特定秘密保護法案衆議院通過、二〇一四年の集団的自衛権の行使を容認する閣議決定、二〇一五年五月の安保関連法案閣議決定、九月の衆議院（強行）採決、二〇一七年の「森友・加計」問題の発生と、ことあるたびに世論調査の支持率を下げてきた。安倍内閣の支持率が下がると、北朝鮮が日本（の方向）に向けてミサイルを発射し、与野党が争っている場合ではないと有権者に思わせるからだという、冗談のようで確認の術を持たない説がまことしやかにいわれることもあったが、ここでは、現時点で説得力があるだろうという説明を紹介することとする。

それは、河野勝氏による論文「なぜ安倍内閣の支持率は復活するのか」である。これは、二〇一七年一一月号の『中央公論』に発表されたものである（のち、河野・二〇一八、第一章所収、以下引用頁は省略）。

河野によれば、「内閣の支持率が下がっても持ち直すという動向」は、他の内閣にみられなかった「安倍政権に特有の現象」であるという。この持ち直す現象は、多少の差はあるものの各社（『読売新聞』『朝日新聞』『日本経済新聞』『産経新聞』）の世論調査に共通してみられるもので、どの社の世論調査においても支持率「下落と回復のパターン」が「繰り返」されるという。安倍政権を積極的に支持する有権者は、「その中核において保守寄りの人々、もしくは保守でなくとも左派やリベラル勢力に厳しく批判的な人々」であると考えられる。

諸外国では、安全保障問題などが争点化した場合、自分たちの望む方向に向けて頑張ってくれているんだ、とむしろ固定的な支持層に「旗下終結効果」をうんで、その政権に追い風になることが観察されているという。しかし、日本では逆に安倍内閣の支持率は低下しているのである。

問題を整理すると以下のようになる。日本でも「追い風」を起こす「可能性」はあったはずである。にもかかわらず、支持率が減少したことを次のように河野は分析している。「特定秘密保護や集団的自衛権をめぐる論争が先鋭化した際、他の選択肢がないなかで仕方なく安倍支持に回っていた有権者がついに離反していった、という可能性は否定できない」と。「だが、一旦離反したそのような人々は、なぜ、あるいは一体何を契機として、再び安倍支持へと回帰していくのだろうか」という問題を次に考えなければならない。

河野の結論は、次のように説明される。「一番近い身内と考えられる支持者たちが、冷や水を浴びせるかのような態度をとることによって生じている」ということが調査からわかり、「安倍内閣に対する評価の低下が左派やリベラル勢力の活性化によって生じているのではないという」もわかったという。いいかたを換えれば、「安倍支持の一時的低下が、左派やリベラルな有権者がその批判を強めるからではなく、むしろ保守的な有権者が一時的に安倍支持を表明することをためらうことに」よる、というわけである。そして時間の経過とともに、支持が戻っていくのである。

となると、この文脈で「左派やリベラルな有権者」はどのように対応することが自らの政治的志向を実現するために有効なのであろうか。それを考える素材が本書の各章に示されている。

河野はまた、次のようにも補足することを忘れない。安倍内閣支持率の減少と回復は、「新しい安保法制に賛成し、しかもそれが合憲であることを疑わない保守的な人々の離反によるのであり、おそらくこうした人々は安保法制の目的もまたその問題もよく把握していたと考えられる。ただ、まさにその政権の説明努力の不足こそが、アカウンタビリティの欠如であるとして、彼らの離反を促した可能性は十分あり」、「ポピュリズム」といわれる状態からは遠く、「国政において重要と考えられる政策に関して、日本の有権者たちが冷静でバランス感覚のある態度形成を行っていることを示している」。

執筆時期の関係から、なぜ「森友・加計」問題が大きく報道され、支持率が低下した後においても、安倍内閣の支持率が回復したのかの分析にまでは及んでいない。私なりに安倍内閣支持率回復の怪をみて、いくつか考えられるのは、野党が分裂状態にあり、自民党に代わる新たな政権政党がみえにくいこと、それと関連して現在の選挙制度では、大きく有力な野党が存在せず、政権交代の選択肢の提示すら難しいこと、自民党内において、「ポスト安倍」の人材不足が深刻であり、他の選択肢がないこと、等が挙げられよう。

内閣府・内閣官房の肥大化

もう一点、これまでの本書で触れられていない点を考察しよう。それは内閣府や内閣官房の職員数の増加についてである。竹中治堅によれば、内閣官房の中に置かれる部局が、第二次森喜朗改造内閣の下では、「二〇の部局しか置かれていなかったのに対し、第三次安倍第二次改造内閣の下では実に三九にまで増加している」のである（竹中・二〇一七〈以下、引用頁は省略〉）。連動して職員の定員も、「省庁再編時の〇一年度には二二一〇人だったのが、一六年度には二三二四人にまで増えている」。さらに、「内閣府が担当する事務の数」も「内閣府に置かれる会議体の数も」増加している。

また、内閣官房の職員数も、定員と併任者の合計数は、二〇〇〇年の八〇〇人台から、二〇一六年には二七七〇人を越え、三倍以上に上昇しているという。

加えて、「内閣官房が提出する法案の数」も、「内閣や内閣官房の事務を担当する大臣の数も増加している」という状況にある。これらは違法ではなく、省庁再編の際に改正された内閣法にもとづいている。

ヒトラーの例を持ち出すまでもなく、職員数の増大が権力の強大化を必ずしも表すわけではない。一〇〇〇人の官僚よりも、一人の指導者の方が権力が大きいこともある。しかしながら、みてきたような官僚機構の権限の増大は、安倍首相の首相としての権力の増大に寄与し、報道されているような「忖度」の蔓延を招来している可能性は否定できない。ここにも長期政権の弊害が現れているといえよう。

さらに安倍内閣は、「二〇一三年七月に国家公務員制度事務局を設置、改革を実現するための法案の策定を進めさせ」、二〇一三年一一月、「国家公務員制度改革関連法案を閣議決定、法案は一四年四月に成立」した。これが最も重要な変更点であるが、竹中も指摘しているように、この法案では、「国家公務員と幹部人事に対する首相の権限」が拡大された。「首相は各省庁の審議官級以上の幹部に登用できる公務員のリストを記載した幹部候補者名簿を作成する権限も獲得した」のである。さらに、「首相が各省庁の機構新設や定員設定に対する権限を手にした」（内閣法第一二条第二項一三号及び第一四号）のである。

付け加えると、国家行政組織法の改正もおこなっている。「内閣の特定の重要政策について、首相が閣議決定により各省大臣に省庁間の総合調整を委ねることができる仕組みを設けた」という。「これまでは内閣官房と内閣府しか総合調整ができなかった」のである。

関連して、安倍首相は、一億総活躍担当大臣や働き方改革担当大臣を任命し、内閣官房に一億総活躍推進室や働き方改革実現推進室を設置している。その他、安全保障の法的基盤の再構築に関する懇談会も新しく設けた。二〇一三年一二月には、「外交・安全保障政策の基本政策を立案するために従来存在した安全保障会議を国家安全保障会議（日本版ＮＳＣ）に改組し、一四年一月に会議の事務局として国家安全保障局」も設置した。「外交・防衛政策の議論に参加できるのは、首相、官房長官、外務大臣、防衛大臣」のみであった。

そのうえ、第二次安倍内閣以降は、「首相、官房長官、三人の副官房長官」が「定期的に集まる会合もつくられ、「意思疎通を図るように」なったのである。

みてきたように、「安倍首相は以前の首相より大きな権力を手にしている。首相として保持する法的権限が大きくなったことに加え、内閣官房と内閣府を中心とする補佐体制も強化されている」わけである。となると、問題は、次のように要約することができよう。「補佐体制が強化されたことにより、首相はそれを利用しながら、さらに強い権力を確保するための制度改革を実現できるようになっている」点である。それが二〇二〇年春以降の検察庁法改正をめぐるゴタゴタともなって表れたわけである。

もっといえば、たとえば日本国憲法には首相の任期に関する規定はないので、（実際のところは自民党の党則改正にもよることになるが）次から次へと現職首相に有利になるような行政組織の改革を強行し、安倍首相がさらに今後五年なり六年なりと首相を継続することも不可能とはいえない状況がおとずれるかもしれない。

となれば、現行制度に問題があるということになり、新たな制度改革の必要性が増しているともいえるわけである。逆に制度には問題がなく、もっぱら安倍首相の資質や個性に起因している問題なのか。

この意味においても、有権者が現政権を監視し続けることが必要なのである。竹中の言を借りていい換えれば、次のようにまとめることができよう。安倍「首相が強化された権力基盤によって一定の実績を積み上げてきたことと、権力が強化されたが故に政権運営に綻びが生まれたことを総合的に評価し、政権を支持するかどうかの判断を下すことが求められている」。

ごく簡単に、安倍内閣のもつ特質を考えてきた。また、第一章から第一〇章の各章においても、それぞれの専門分野（学問の枠組）を越えて、多面的に安倍内閣を批判的に検討してきた。しかしこの作業は、批判をするための批判ではなく、日本の政治がよりよいものになってほしいという願望からのものであることを断っておきたい。政治の現状を客観的にみることは重要である。加えて、冷徹な眼で現実を直視する批判的知性もより重要である。こうした難題に対し、政治学としてどう対応することが可能なのだろうか。今後も思索を続けていきたいと思うし、その思いは本書の執筆に参加した面々も共有していると思う。

引用・参考文献

河野勝・二〇一八『政治を科学することは可能か』中央公論新社。

河野勝・二〇一七「なぜ安倍内閣の支持率は復活するのか」『中央公論』一一月号所収。

竹中治堅・二〇〇六『首相支配――日本政治の変貌』中公新書。

竹中治堅・二〇一七「「安倍一強」の制度的基盤」『中央公論』一一月号所収。

大嶽秀夫・二〇二〇『平成政治史――政界再編とポスト冷戦型社会運動』ちくま新書。

待鳥聡史・二〇二〇『政治改革再考――変貌を遂げた国家の軌跡』新潮選書。

あとがき

本書は、「はじめに」でも示したように、安倍長期政権を批判的視座から考察したものである。打ち合わせをもったのは、二〇一九年一二月のことであった。執筆に賛同された著者と編者が集まり、編者と出版社が方向性を示し、執筆内容について検討し、執筆分担を決定した。そのうえで、編者が各章執筆者に、参考文献と、読んで前提にしておいてほしい文献を提示し、二〇一九年末からただちに執筆が開始された。その後、何度かの推敲・改稿を経て本書となった。推敲、校正段階で編者はすべての原稿に目を通し、部分的に修正意見は出したが、各章について各執筆者の責任で執筆していただいた。年が明け、二〇二〇年に入り執筆が本格化していく過程において、世界は、新型コロナウイルス感染症への対応に追われ、本書も一抹の不安の中で執筆された原稿ばかりである。

大学図書館ばかりか、地元の公立図書館も閉鎖され、通常すぐに手に入る資料や文献がなかなか届かなかったり、入手できなかったりの連続であった。かつ、東京では積雪がほとんどない暖冬であったため、気分転換の散歩に適した日々が続いたにもかかわらず、外出の「自粛」を要請され、気持ちも街も閉塞感に満ちていた。外はマスクをした人々で溢れていたが、そのマスクもなかなか手に入らなくなった。

四月に入ると東京他には国からの要請もあり、さらなる「外出自粛」の日々となった。書かれた原稿に悲愴感が漂っているとすれば、対象とした内閣にだけ原因があるのではないのかもしれないと期待したい。

この四月は雨量の記録を更新し、四月としては観測史上最も雨が多い年となり、その後「自粛」期間も延期された。執筆のラストスパートはこうした日々とも重なった。

この新型コロナウイルス問題をめぐっては様々な問題が浮上し、慣れない問題に対応する安倍内閣もしばしば混乱がみられた。判断が慎重になる中で「後手後手だ」「スピード感が欠如している」「他人事のようだ」等々と指摘されることも多かったし、「緊急事態」の宣言及び、給付金、補償等々につき決断の遅れもみられた。このウイルスによる死者は増え続け、六月一八日には九五〇人にまでふくれあがった。

また、首都圏においては小学校のみならず、中学、高校、大学の「休校」や「閉鎖」も実質、三カ月にも及んだ。生活している地域による学力差、「教育格差」の問題も懸念されている。これらの問題についても、いずれ政治学者、行政学者等によって詳細に分析されなければならない。そのためにも本書第七章にもあるように、コロナ問題をめぐる公文書が隠蔽されたり、処分されたり、改竄されたりすることのないよう注視していく必要があるだろう。

本書を読みやすいものとするために、以下の処置をとった点をことわっておきたい。まず、注の数をしぼったことである。極力、本文中で説明してもらった。そして、参考文献数もしぼってある。

厳選された文献は、ぜひ読んでもらいたいものばかりである。きっと思考が深まることであろう。

二〇二〇年六月二二日

木下真志